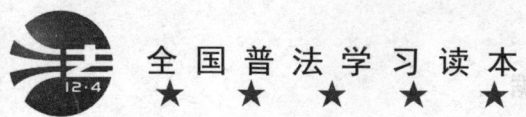
全国普法学习读本
★ ★ ★ ★ ★

U0493350

最新卫生安保类法律法规读本

医疗防疫法律法规学习读本

医生医疗综合法律法规

王金锋　主编

加大全民普法力度，建设社会主义法治文化，树立宪法法律至上、法律面前人人平等的法治理念。

——中国共产党第十九次全国代表大会《决胜全面建成小康社会 夺取新时代中国特色社会主义伟大胜利》

汕头大学出版社

图书在版编目（CIP）数据

医生医疗综合法律法规／王金锋主编. -- 汕头：
汕头大学出版社，2023.4（重印）
（医疗防疫法律法规学习读本）
ISBN 978-7-5658-2946-8

Ⅰ.①医… Ⅱ.①王… Ⅲ.①医药卫生管理-法规-
基本知识-中国 Ⅳ.①D922.16

中国版本图书馆 CIP 数据核字（2018）第 035715 号

医生医疗综合法律法规　YISHENG YILIAO ZONGHE FALÜ FAGUI

主　　编：王金锋
责任编辑：邹　峰
责任技编：黄东生
封面设计：大华文苑
出版发行：汕头大学出版社
　　　　　广东省汕头市大学路 243 号汕头大学校园内　邮政编码：515063
电　　话：0754-82904613
印　　刷：三河市元兴印务有限公司
开　　本：690mm×960mm 1/16
印　　张：18
字　　数：226 千字
版　　次：2018 年 5 月第 1 版
印　　次：2023 年 4 月第 2 次印刷
定　　价：59.60 元（全 2 册）
ISBN 978-7-5658-2946-8

前 言

习近平总书记指出："推进全民守法，必须着力增强全民法治观念。要坚持把全民普法和守法作为依法治国的长期基础性工作，采取有力措施加强法制宣传教育。要坚持法治教育从娃娃抓起，把法治教育纳入国民教育体系和精神文明创建内容，由易到难、循序渐进不断增强青少年的规则意识。要健全公民和组织守法信用记录，完善守法诚信褒奖机制和违法失信行为惩戒机制，形成守法光荣、违法可耻的社会氛围，使遵法守法成为全体人民共同追求和自觉行动。"

中共中央、国务院曾经转发了中央宣传部、司法部关于在公民中开展法治宣传教育的规划，并发出通知，要求各地区各部门结合实际认真贯彻执行。通知指出，全民普法和守法是依法治国的长期基础性工作。深入开展法治宣传教育，是全面建成小康社会和新农村的重要保障。

普法规划指出：各地区各部门要根据实际需要，从不同群体的特点出发，因地制宜开展有特色的法治宣传教育坚持集中法治宣传教育与经常性法治宣传教育相结合，深化法律进机关、进乡村、进社区、进学校、进企业、进单位的"法律六进"主题活动，完善工作标准，建立长效机制。

特别是农业、农村和农民问题，始终是关系党和人民事业发展的全局性和根本性问题。党中央、国务院发布的《关于推进社会主义新农村建设的若干意见》中明确提出要"加强农村法制建设，深入开展农村普法教育，增强农民的法制观念，提高农民依法行使权利和履行义务的自觉性。"多年普法实践证明，普及法律知识，提高法制观念，增强全社会依法办事意识具有重要作用。特别是在广大农村进行普法教育，是提高全民法律素质的需要。

多年来，我国在农村实行的改革开放取得了极大成功，农村发生了翻天覆地的变化，广大农民生活水平大大得到了提高。但是，由于历史和社会等原因，现阶段我国一些地区农民文化素质还不高，不学法、不懂法、不守法现象虽然较原来有所改变，但仍有相当一部分群众的法制观念仍很淡化，不懂、不愿借助法律来保护自身权益，这就极易受到不法的侵害，或极易进行违法犯罪活动，严重阻碍了全面建成小康社会和新农村步伐。

为此，根据党和政府的指示精神以及普法规划，特别是根据广大农村农民的现状，在有关部门和专家的指导下，特别编辑了这套《全国普法学习读本》。主要包括了广大人民群众应知应懂、实际实用的法律法规。为了辅导学习，附录还收入了相应法律法规的条例准则、实施细则、解读解答、案例分析等；同时为了突出法律法规的实际实用特点，兼顾地方性和特殊性，附录还收入了部分某些地方性法律法规以及非法律法规的政策文件、管理制度、应用表格等内容，拓展了本书的知识范围，使法律法规更"接地气"，便于读者学习掌握和实际应用。

在众多法律法规中，我们通过甄别，淘汰了废止的，精选了最新的、权威的和全面的。但有部分法律法规有些条款不适应当下情况了，却没有颁布新的，我们又不能擅自改动，只得保留原有条款，但附录却有相应的补充修改意见或通知等。众多法律法规根据不同内容和受众特点，经过归类组合，优化配套。整套普法读本非常全面系统，具有很强的学习性、实用性和指导性，非常适合用于广大农村和城乡普法学习教育与实践指导。总之，是全国全民普法的良好读本。

目　录

中华人民共和国执业医师法

医师执业注册管理办法

医师资格考试暂行办法

医师定期考核管理办法

护士条例

药品不良反应报告和监测管理办法

人体器官移植条例

中华人民共和国执业医师法

中华人民共和国主席令

第十八号

《全国人民代表大会常务委员会关于修改部分法律的决定》已由中华人民共和国第十一届全国人民代表大会常务委员会第十次会议于 2009 年 8 月 27 日通过，现予公布，自公布之日起施行。

中华人民共和国主席　胡锦涛

2009 年 8 月 27 日

(1998 年 6 月 26 日第九届全国人民代表大会常务委员会第三次会议通过；根据 2009 年 8 月 27 日第十一届全国人民代表大会常务委员会第十次会议通过的《全国人民代表大会常务委员会关于修改部分法律的决定》修改)

第一章　总　则

第一条　为了加强医师队伍的建设，提高医师的职业道德和业务素质，保障医师的合法权益，保护人民健康，制定本法。

第二条 依法取得执业医师资格或者执业助理医师资格，经注册在医疗、预防、保健机构中执业的专业医务人员，适用本法。

本法所称医师，包括执业医师和执业助理医师。

第三条 医师应当具备良好的职业道德和医疗执业水平，发扬人道主义精神，履行防病治病、救死扶伤、保护人民健康的神圣职责。

全社会应当尊重医师。医师依法履行职责，受法律保护。

第四条 国务院卫生行政部门主管全国的医师工作。

县级以上地方人民政府卫生行政部门负责管理本行政区域内的医师工作。

第五条 国家对在医疗、预防、保健工作中作出贡献的医师，给予奖励。

第六条 医师的医学专业技术职称和医学专业技术职务的评定、聘任，按照国家有关规定办理。

第七条 医师可以依法组织和参加医师协会。

第二章　考试和注册

第八条 国家实行医师资格考试制度。医师资格考试分为执业医师资格考试和执业助理医师资格考试。

医师资格统一考试的办法，由国务院卫生行政部门制定。医师资格考试由省级以上人民政府卫生行政部门组织实施。

第九条 具有下列条件之一的，可以参加执业医师资格考试：

（一）具有高等学校医学专业本科以上学历，在执业医师指导下，在医疗、预防、保健机构中试用期满一年的；

（二）取得执业助理医师执业证书后，具有高等学校医学专科学历，在医疗、预防、保健机构中工作满二年的；具有中等专业学校医学专业学历，在医疗、预防、保健机构中工作满五年的。

第十条　具有高等学校医学专科学历或者中等专业学校医学专业学历，在执业医师指导下，在医疗、预防、保健机构中试用期满一年的，可以参加执业助理医师资格考试。

第十一条　以师承方式学习传统医学满三年或者经多年实践医术确有专长的，经县级以上人民政府卫生行政部门确定的传统医学专业组织或者医疗、预防、保健机构考核合格并推荐，可以参加执业医师资格或者执业助理医师资格考试。考试的内容和办法由国务院卫生行政部门另行制定。

第十二条　医师资格考试成绩合格，取得执业医师资格或者执业助理医师资格。

第十三条　国家实行医师执业注册制度。

取得医师资格的，可以向所在地县级以上人民政府卫生行政部门申请注册。

除有本法第十五条规定的情形外，受理申请的卫生行政部门应当自收到申请之日起三十日内准予注册，并发给由国务院卫生行政部门统一印制的医师执业证书。

医疗、预防、保健机构可以为本机构中的医师集体办理注册手续。

第十四条　医师经注册后，可以在医疗、预防、保健机构中按照注册的执业地点、执业类别、执业范围执业，从事相应的医疗、预防、保健业务。

未经医师注册取得执业证书，不得从事医师执业活动。

第十五条　有下列情形之一的，不予注册：

（一）不具有完全民事行为能力的；

（二）因受刑事处罚，自刑罚执行完毕之日起至申请注册之日止不满二年的；

（三）受吊销医师执业证书行政处罚，自处罚决定之日起至申请注册之日止不满二年的；

（四）有国务院卫生行政部门规定不宜从事医疗、预防、保健业务的其他情形的。

受理申请的卫生行政部门对不符合条件不予注册的，应当自收到申请之日起三十日内书面通知申请人，并说明理由。申请人有异议的，可以自收到通知之日起十五日内，依法申请复议或者向人民法院提起诉讼。

第十六条 医师注册后有下列情形之一的，其所在的医疗、预防、保健机构应当在三十日内报告准予注册的卫生行政部门，卫生行政部门应当注销注册，收回医师执业证书：

（一）死亡或者被宣告失踪的；

（二）受刑事处罚的；

（三）受吊销医师执业证书行政处罚的；

（四）依照本法第三十一条规定暂停执业活动期满，再次考核仍不合格的；

（五）中止医师执业活动满二年的；

（六）有国务院卫生行政部门规定不宜从事医疗、预防、保健业务的其他情形的。

被注销注册的当事人有异议的，可以自收到注销注册通知之日起十五日内，依法申请复议或者向人民法院提起诉讼。

第十七条 医师变更执业地点、执业类别、执业范围等注册事项的，应当到准予注册的卫生行政部门依照本法第十三条的规定办理变更注册手续。

第十八条 中止医师执业活动二年以上以及有本法第十五条规定情形消失的，申请重新执业，应当由本法第三十一条规定的机构考核合格，并依照本法第十三条的规定重新注册。

第十九条 申请个体行医的执业医师，须经注册后在医疗、预防、保健机构中执业满五年，并按照国家有关规定办理审批手续；

未经批准，不得行医。

县级以上地方人民政府卫生行政部门对个体行医的医师，应当按照国务院卫生行政部门的规定，经常监督检查，凡发现有本法第十六条规定的情形的，应当及时注销注册，收回医师执业证书。

第二十条 县级以上地方人民政府卫生行政部门应当将准予注册和注销注册的人员名单予以公告，并由省级人民政府卫生行政部门汇总，报国务院卫生行政部门备案。

第三章 执业规则

第二十一条 医师在执业活动中享有下列权利：

（一）在注册的执业范围内，进行医学诊查、疾病调查、医学处置、出具相应的医学证明文件，选择合理的医疗、预防、保健方案；

（二）按照国务院卫生行政部门规定的标准，获得与本人执业活动相当的医疗设备基本条件；

（三）从事医学研究、学术交流，参加专业学术团体；

（四）参加专业培训，接受继续医学教育；

（五）在执业活动中，人格尊严、人身安全不受侵犯；

（六）获取工资报酬和津贴，享受国家规定的福利待遇；

（七）对所在机构的医疗、预防、保健工作和卫生行政部门的工作提出意见和建议，依法参与所在机构的民主管理。

第二十二条 医师在执业活动中履行下列义务：

（一）遵守法律、法规，遵守技术操作规范；

（二）树立敬业精神，遵守职业道德，履行医师职责，尽职尽责为患者服务；

（三）关心、爱护、尊重患者，保护患者的隐私；

（四）努力钻研业务，更新知识，提高专业技术水平；

（五）宣传卫生保健知识，对患者进行健康教育。

第二十三条 医师实施医疗、预防、保健措施，签署有关医学证明文件，必须亲自诊查、调查，并按照规定及时填写医学文书，不得隐匿、伪造或者销毁医学文书及有关资料。

医师不得出具与自己执业范围无关或者与执业类别不相符的医学证明文件。

第二十四条 对急危患者，医师应当采取紧急措施进行诊治；不得拒绝急救处置。

第二十五条 医师应当使用经国家有关部门批准使用的药品、消毒药剂和医疗器械。

除正当诊断治疗外，不得使用麻醉药品、医疗用毒性药品、精神药品和放射性药品。

第二十六条 医师应当如实向患者或者其家属介绍病情，但应注意避免对患者产生不利后果。

医师进行实验性临床医疗，应当经医院批准并征得患者本人或者其家属同意。

第二十七条 医师不得利用职务之便，索取、非法收受患者财物或者牟取其他不正当利益。

第二十八条 遇有自然灾害、传染病流行、突发重大伤亡事故及其他严重威胁人民生命健康的紧急情况时，医师应当服从县级以上人民政府卫生行政部门的调遣。

第二十九条 医师发生医疗事故或者发现传染病疫情时，应当按照有关规定及时向所在机构或者卫生行政部门报告。

医师发现患者涉嫌伤害事件或者非正常死亡时，应当按照有关规定向有关部门报告。

第三十条 执业助理医师应当在执业医师的指导下，在医疗、预防、保健机构中按照其执业类别执业。

在乡、民族乡、镇的医疗、预防、保健机构中工作的执业助理医师，可以根据医疗诊治的情况和需要，独立从事一般的执业活动。

第四章　考核和培训

第三十一条　受县级以上人民政府卫生行政部门委托的机构或者组织应当按照医师执业标准，对医师的业务水平、工作成绩和职业道德状况进行定期考核。

对医师的考核结果，考核机构应当报告准予注册的卫生行政部门备案。

对考核不合格的医师，县级以上人民政府卫生行政部门可以责令其暂停执业活动三个月至六个月，并接受培训和继续医学教育。暂停执业活动期满，再次进行考核，对考核合格的，允许其继续执业；对考核不合格的，由县级以上人民政府卫生行政部门注销注册，收回医师执业证书。

第三十二条　县级以上人民政府卫生行政部门负责指导、检查和监督医师考核工作。

第三十三条　医师有下列情形之一的，县级以上人民政府卫生行政部门应当给予表彰或者奖励：

（一）在执业活动中，医德高尚，事迹突出的；

（二）对医学专业技术有重大突破，作出显著贡献的；

（三）遇有自然灾害、传染病流行、突发重大伤亡事故及其他严重威胁人民生命健康的紧急情况时，救死扶伤、抢救诊疗表现突出的；

（四）长期在边远贫困地区、少数民族地区条件艰苦的基层单位努力工作的；

（五）国务院卫生行政部门规定应当予以表彰或者奖励的其他情形的。

第三十四条 县级以上人民政府卫生行政部门应当制定医师培训计划，对医师进行多种形式的培训，为医师接受继续医学教育提供条件。

县级以上人民政府卫生行政部门应当采取有力措施，对在农村和少数民族地区从事医疗、预防、保健业务的医务人员实施培训。

第三十五条 医疗、预防、保健机构应当按照规定和计划保证本机构医师的培训和继续医学教育。

县级以上人民政府卫生行政部门委托的承担医师考核任务的医疗卫生机构，应当为医师的培训和接受继续医学教育提供和创造条件。

第五章 法律责任

第三十六条 以不正当手段取得医师执业证书的，由发给证书的卫生行政部门予以吊销；对负有直接责任的主管人员和其他直接责任人员，依法给予行政处分。

第三十七条 医师在执业活动中，违反本法规定，有下列行为之一的，由县级以上人民政府卫生行政部门给予警告或者责令暂停六个月以上一年以下执业活动；情节严重的，吊销其执业证书；构成犯罪的，依法追究刑事责任：

（一）违反卫生行政规章制度或者技术操作规范，造成严重后果的；

（二）由于不负责任延误急危患者的抢救和诊治，造成严重后果的；

（三）造成医疗责任事故的；

（四）未经亲自诊查、调查，签署诊断、治疗、流行病学等证明文件或者有关出生、死亡等证明文件的；

（五）隐匿、伪造或者擅自销毁医学文书及有关资料的；

（六）使用未经批准使用的药品、消毒药剂和医疗器械的；

（七）不按照规定使用麻醉药品、医疗用毒性药品、精神药品和放射性药品的；

（八）未经患者或者其家属同意，对患者进行实验性临床医疗的；

（九）泄露患者隐私，造成严重后果的；

（十）利用职务之便，索取、非法收受患者财物或者牟取其他不正当利益的；

（十一）发生自然灾害、传染病流行、突发重大伤亡事故以及其他严重威胁人民生命健康的紧急情况时，不服从卫生行政部门调遣的；

（十二）发生医疗事故或者发现传染病疫情，患者涉嫌伤害事件或者非正常死亡，不按照规定报告的。

第三十八条 医师在医疗、预防、保健工作中造成事故的，依照法律或者国家有关规定处理。

第三十九条 未经批准擅自开办医疗机构行医或者非医师行医的，由县级以上人民政府卫生行政部门予以取缔，没收其违法所得及其药品、器械，并处十万元以下的罚款；对医师吊销其执业证书；给患者造成损害的，依法承担赔偿责任；构成犯罪的，依法追究刑事责任。

第四十条 阻碍医师依法执业，侮辱、诽谤、威胁、殴打医师或者侵犯医师人身自由、干扰医师正常工作、生活的，依照治安管理处罚法的规定处罚；构成犯罪的，依法追究刑事责任。

第四十一条 医疗、预防、保健机构未依照本法第十六条的规定履行报告职责，导致严重后果的，由县级以上人民政府卫生行政部门给予警告；并对该机构的行政负责人依法给予行政处分。

第四十二条 卫生行政部门工作人员或者医疗、预防、保健机构工作人员违反本法有关规定，弄虚作假、玩忽职守、滥用职权、徇私舞弊，尚不构成犯罪的，依法给予行政处分；构成犯罪的，依法追究刑事责任。

第六章　附　则

第四十三条　本法颁布之日前按照国家有关规定取得医学专业技术职称和医学专业技术职务的人员，由所在机构报请县级以上人民政府卫生行政部门认定，取得相应的医师资格。其中在医疗、预防、保健机构中从事医疗、预防、保健业务的医务人员，依照本法规定的条件，由所在机构集体核报县级以上人民政府卫生行政部门，予以注册并发给医师执业证书。具体办法由国务院卫生行政部门会同国务院人事行政部门制定。

第四十四条　计划生育技术服务机构中的医师，适用本法。

第四十五条　在乡村医疗卫生机构中向村民提供预防、保健和一般医疗服务的乡村医生，符合本法有关规定的，可以依法取得执业医师资格或者执业助理医师资格；不具备本法规定的执业医师资格或者执业助理医师资格的乡村医生，由国务院另行制定管理办法。

第四十六条　军队医师执行本法的实施办法，由国务院、中央军事委员会依据本法的原则制定。

第四十七条　境外人员在中国境内申请医师考试、注册、执业或者从事临床示教、临床研究等活动的，按照国家有关规定办理。

第四十八条　本法自1999年5月1日起施行。

附 录

医师外出会诊管理暂行规定

中华人民共和国卫生部令
第 42 号

《医师外出会诊管理暂行规定》已于 2004 年 12 月 16 日经卫生部部务会议讨论通过，并商国家发展和改革委员会同意，现予以发布，自 2005 年 7 月 1 日起施行。

卫生部部长
二〇〇五年四月三十日

第一条 为规范医疗机构之间医师会诊行为，促进医学交流与发展，提高医疗水平，保证医疗质量和医疗安全，方便群众就医，保护患者、医师、医疗机构的合法权益，根据《执业医师法》、《医疗机构管理条例》的规定，制定本规定。

第二条 本规定所称医师外出会诊是指医师经所在医疗机构批准，为其他医疗机构特定的患者开展执业范围内的诊疗活动。

医师未经所在医疗机构批准，不得擅自外出会诊。

第三条 各级卫生行政部门应当加强对医师外出会诊的监督管理。

第四条 医疗机构在诊疗过程中，根据患者的病情需要或者患者要求等原因，需要邀请其他医疗机构的医师会诊时，经治科室应当向患者说明会诊、费用等情况，征得患者同意后，报本单位医务管理部门批准；当患者不具备完全民事行为能力时，应征得其近亲属或者监护人同意。

第五条　邀请会诊的医疗机构（以下称邀请医疗机构）拟邀请其他医疗机构（以下称会诊医疗机构）的医师会诊，需向会诊医疗机构发出书面会诊邀请函。内容应当包括拟会诊患者病历摘要、拟邀请医师或者邀请医师的专业及技术职务任职资格、会诊的目的、理由、时间和费用等情况，并加盖邀请医疗机构公章。

用电话或者电子邮件等方式提出会诊邀请的，应当及时补办书面手续。

第六条　有下列情形之一的，医疗机构不得提出会诊邀请：

（一）会诊邀请超出本单位诊疗科目或者本单位不具备相应资质的；

（二）本单位的技术力量、设备、设施不能为会诊提供必要的医疗安全保障的；

（三）会诊邀请超出被邀请医师执业范围的；

（四）省级卫生行政部门规定的其他情形。

第七条　会诊医疗机构接到会诊邀请后，在不影响本单位正常业务工作和医疗安全的前提下，医务管理部门应当及时安排医师外出会诊。会诊影响本单位正常业务工作但存在特殊需要的情况下，应当经会诊医疗机构负责人批准。

第八条　有下列情形之一的，医疗机构不得派出医师外出会诊：

（一）会诊邀请超出本单位诊疗科目或者本单位不具备相应资质的；

（二）会诊邀请超出被邀请医师执业范围的；

（三）邀请医疗机构不具备相应医疗救治条件的；

（四）省级卫生行政部门规定的其他情形。

第九条　会诊医疗机构不能派出会诊医师时，应当及时告知邀请医疗机构。

第十条　医师接受会诊任务后，应当详细了解患者的病情，亲自诊查患者，完成相应的会诊工作，并按照规定书写医疗文书。

第十一条　医师在会诊过程中应当严格执行有关的卫生管理法律、法规、规章和诊疗规范、常规。

第十二条　医师在会诊过程中发现难以胜任会诊工作，应当及时、如实告知邀请医疗机构，并终止会诊。

医师在会诊过程中发现邀请医疗机构的技术力量、设备、设施条件不适宜收治该患者，或者难以保障会诊质量和安全的，应当建议将该患者转往其他具备收治条件的医疗机构诊治。

第十三条　会诊结束后，邀请医疗机构应当将会诊情况通报会诊医疗机构。医师应当在返回本单位 2 个工作日内将外出会诊的有关情况报告所在科室负责人和医务管理部门。

第十四条　医师在外出会诊过程中发生的医疗事故争议，由邀请医疗机构按照《医疗事故处理条例》的规定进行处理。必要时，会诊医疗机构应当协助处理。

第十五条　会诊中涉及的会诊费用按照邀请医疗机构所在地的规定执行。差旅费按照实际发生额结算，不得重复收费。属医疗机构根据诊疗需要邀请的，差旅费由医疗机构承担；属患者主动要求邀请的，差旅费由患者承担，收费方应向患者提供正式收费票据。会诊中涉及的治疗、手术等收费标准可在当地规定的基础上酌情加收，加收幅度由省级价格主管部门会同同级卫生行政部门确定。

邀请医疗机构支付会诊费用应当统一支付给会诊医疗机构，不得支付给会诊医师本人。会诊医疗机构由于会诊产生的收入，应纳入单位财务部门统一核算。

第十六条　会诊医疗机构应当按照有关规定给付会诊医师合理

报酬。医师在国家法定节假日完成会诊任务的，会诊医疗机构应当按照国家有关规定提高会诊医师的报酬标准。

第十七条　医师在外出会诊时不得违反规定接受邀请医疗机构报酬，不得收受或者索要患者及其家属的钱物，不得牟取其他不正当利益。

第十八条　医疗机构应当加强对本单位医师外出会诊的管理，建立医师外出会诊管理档案，并将医师外出会诊情况与其年度考核相结合。

第十九条　医疗机构违反本规定第六条、第八条、第十五条的，由县级以上卫生行政部门责令改正，给予警告；诊疗活动超出登记范围的，按照《医疗机构管理条例》第四十七条处理。

第二十条　医师违反第二条、第七条规定擅自外出会诊或者在会诊中违反第十七条规定的，由所在医疗机构记入医师考核档案；经教育仍不改正的，依法给予行政处分或者纪律处分。

医师外出会诊违反《执业医师法》有关规定的，按照《执业医师法》第三十七条处理。

第二十一条　医疗机构疏于对本单位医师外出会诊管理的，县级以上卫生行政部门应当对医疗机构及其主要负责人和负有责任的主管人员进行通报批评。

第二十二条　医师受卫生行政部门调遣到其他医疗机构开展诊疗活动的，不适用本规定。

第二十三条　本规定自 2005 年 7 月 1 日起施行。

死亡病例讨论制度

（本文为参考资料）

一、讨论时限

（一）一般情况下，患者死亡 1 周内进行；特殊情况（医疗纠纷、猝死病例）应及时讨论，形成初步意见，同时动员家属做尸检，凡同意尸检的家属必须在尸检志愿书签字，然后保留于病历中。

（二）凡死亡病例，医师均应询问死亡患者的家属是否同意尸检，如不同意尸检，死者亲属应在病历首页"是否同意尸检"栏内进行签字。

二、参加人员

（一）一般死亡病例，由本组带组主任医师或副主任医师主持，本组全体医师参加，也可邀请其他组医师自愿参加；

（二）疑难病例或有纠纷病例，由科主任主持，科室所有医师和有关的医技、护理人员参加，特殊情况请医务部派人参加。

三、讨论内容

讨论死亡原因、病理报告、死亡诊断和治疗抢救是否适当及应吸取的经验教训。

四、讨论程序

（一）经治医师汇报病例，包括：入院情况、诊断及治疗方案、病情的演变、抢救经过等。

（二）主治医师、医疗组长补充入院后的诊治情况，对死亡原因进行分析。

（三）其他医师发表对死亡病例的分析意见。

（四）主持人对讨论意见进行总结。

五、讨论内容简要记载于《死亡病例讨论记录本》中，详细内容经主治医师整理后，以"死亡病例讨论记录"的形式置于病历中，带组主治医师、医疗组长或科主任及时审阅签章，出科归档。

会诊制度

（本文为参考资料）

凡疑难病例，均应及时申请相关科室会诊。申请会诊医师应做好必要的准备，如化验、X 光片等相关资料，填好会诊申请单。

一、科内会诊

对本科内较疑难或对科研、教学有意义的病例，由主治医师提出，（副）主任医师或科主任召集本科有关医务人员参加，进行会诊讨论，进一步明确诊断和统一诊疗意见。会诊时，由经治医师报告病历并分析诊疗情况，同时准确、完整地做好会诊记录。

二、科间会诊

（一）门诊会诊

根据病情，若需要他科或专业会诊者，由病人持门诊病历，直接前往被邀科室或专业会诊。会诊医师应将会诊意见详细记录在门诊病历上，并同时签署全名；属本科疾病由会诊医师处理，不属本科诊疗范围的病人应转科被邀请科室或再请其他有关科室会诊。

（二）病房会诊

院内科间会诊申请必须经本科主治医师以上医师审批同意，会诊医师要求主治医师以上医师担任（急症例外），会诊医师接到会诊通知单后应签收并注明时间，并于 24 小时内前往会诊。如有困难不能解决，应请本科上级医师协同处理。

申请会诊科室必须提供简要病史、体检、必要的辅助检查结果以及初步诊断和会诊目的及要求，并将上述情况认真填写在会诊单上，由主治医师签字后送往会诊科室。

被邀请科室医师会诊时，主管经治医师应全程陪同进行，以便随时介绍病情，听取会诊意见，共同研究治疗方案，同时表示对会诊医师的尊重。会诊医师应以对病人完全负责的精神和实事求是的科学态度认真会诊，并将检查结果、诊断及处理意见详细记录于会诊单上。如遇疑难问题或病情复杂时，应立即请上级医师协助会诊，尽快作出诊疗方案并提出具体意见。对待病人不得敷衍了事，更不允许推诿扯皮、延误治疗。

申请会诊尽可能不迟于下班前一小时（急症例外）。

（三）急诊会诊

急诊科值班医师对于本科难以处理、急需其他科室协助诊治的急、危、重症病人，由经治医师提出紧急会诊申请，并在申请单上注明"急"字。或者直接电话通知和邀请。会诊医师必须在10分钟内到达申请科室进行会诊。会诊时，申请医师必须全程陪同，配合会诊及抢救工作。

（四）院内大会诊

疑难病例需多个科室会诊时，由科主任提出，经医务科同意，邀请有关医师参加。一般应提前1—2天将病情摘要、会诊目的及邀请会诊人员报医务科。医务科确定会诊时间，并通知有关科室及人员。

会诊由申请科室的科主任主持，医务科参加，必要时分管副院长参加，由主治医师报告病历，经治医师作详细会诊记录，并认真执行会诊确定的诊疗方案。

（五）院外会诊

本院不能解决的疑难病例，可邀请外院专家来院会诊。由科主任提出申请，由主管病人的主治医师填写书面申请，包括简要病史、体检、必要的辅助检查结果以及初步诊断和会诊目的及要求等情况，科主任签字送医务科批准。由医务科或相关科室与有关医院联系，确定会诊时间，并负责安排接待事宜。会诊由科主任、医务科主任或分管副院长主持。主治医师报告病情，经治医师作详细会诊记录。

需转外院会诊者，经本科室主任审签，送医务科登记，报分管副院长审批。

（六）外出会诊

外院指定邀请我院医师会诊，必须提供单位（医务科）介绍信，经我院医务科同意，办理外出会诊手续后方可外出会诊，否则由此发生的医疗纠纷或交通事故，由外出应诊医师本人承担一切责任。

（七）会诊时应注意的问题

申请会诊科室应严格掌握会诊指征，必须由主治医师以上医师审核同意。

切实提高会诊质量，做好会诊前的各项准备工作。经治医师要详细介绍病历，会诊人员要仔细检查，认真讨论，充分发扬学术民主。主持人要综合分析会诊意见，进行小结，提出具体诊疗方案。

任何科室或个人不得以任何理由或借口拒绝按正常途径邀请的各种会诊要求。

医师执业注册管理办法

中华人民共和国国家卫生和计划生育委员会令

第 13 号

《医师执业注册管理办法》已于 2017 年 2 月 3 日经国家卫生计生委委主任会议讨论通过，现予公布，自 2017 年 4 月 1 日起施行。

国家卫生计生委主任

2017 年 2 月 28 日

第一章　总　　则

第一条　为了规范医师执业活动，加强医师队伍管理，根据《中华人民共和国执业医师法》，制定本办法。

第二条　医师执业应当经注册取得《医师执业证书》。

未经注册取得《医师执业证书》者，不得从事医疗、预防、保健活动。

第三条　国家卫生计生委负责全国医师执业注册监督管理工作。

县级以上地方卫生计生行政部门是医师执业注册的主管部门，负责本行政区域内的医师执业注册监督管理工作。

第四条 国家建立医师管理信息系统，实行医师电子注册管理。

第二章 注册条件和内容

第五条 凡取得医师资格的，均可申请医师执业注册。

第六条 有下列情形之一的，不予注册：

（一）不具有完全民事行为能力的；

（二）因受刑事处罚，自刑罚执行完毕之日起至申请注册之日止不满二年的；

（三）受吊销《医师执业证书》行政处罚，自处罚决定之日起至申请注册之日止不满二年的；

（四）甲类、乙类传染病传染期、精神疾病发病期以及身体残疾等健康状况不适宜或者不能胜任医疗、预防、保健业务工作的；

（五）重新申请注册，经考核不合格的；

（六）在医师资格考试中参与有组织作弊的；

（七）被查实曾使用伪造医师资格或者冒名使用他人医师资格进行注册的；

（八）国家卫生计生委规定不宜从事医疗、预防、保健业务的其他情形的。

第七条 医师执业注册内容包括：执业地点、执业类别、执业范围。

执业地点是指执业医师执业的医疗、预防、保健机构所在地的省级行政区划和执业助理医师执业的医疗、预防、保健机构所在地的县级行政区划。

执业类别是指临床、中医（包括中医、民族医和中西医结合）、口腔、公共卫生。

执业范围是指医师在医疗、预防、保健活动中从事的与其执业能力相适应的专业。

第八条 医师取得《医师执业证书》后，应当按照注册的执业地点、执业类别、执业范围，从事相应的医疗、预防、保健活动。

第三章　注册程序

第九条 拟在医疗、保健机构中执业的人员，应当向批准该机构执业的卫生计生行政部门申请注册；拟在预防机构中执业的人员，应当向该机构的同级卫生计生行政部门申请注册。

第十条 在同一执业地点多个机构执业的医师，应当确定一个机构作为其主要执业机构，并向批准该机构执业的卫生计生行政部门申请注册；对于拟执业的其他机构，应当向批准该机构执业的卫生计生行政部门分别申请备案，注明所在执业机构的名称。

医师只有一个执业机构的，视为其主要执业机构。

第十一条 医师的主要执业机构以及批准该机构执业的卫生计生行政部门应当在医师管理信息系统及时更新医师定期考核结果。

第十二条 申请医师执业注册，应当提交下列材料：

（一）医师执业注册申请审核表；

（二）近6个月2寸白底免冠正面半身照片；

（三）医疗、预防、保健机构的聘用证明；

（四）省级以上卫生计生行政部门规定的其他材料。

获得医师资格后二年内未注册者、中止医师执业活动二年以上或者本办法第六条规定不予注册的情形消失的医师申请注册时，还应当提交在省级以上卫生计生行政部门指定的机构接受连续6个月以上的培训，并经考核合格的证明。

第十三条 注册主管部门应当自收到注册申请之日起20个工

作日内，对申请人提交的申请材料进行审核。审核合格的，予以注册并发放《医师执业证书》。

第十四条 对不符合注册条件不予注册的，注册主管部门应当自收到注册申请之日起 20 个工作日内书面通知聘用单位和申请人，并说明理由。申请人如有异议的，可以依法申请行政复议或者向人民法院提起行政诉讼。

第十五条 执业助理医师取得执业医师资格后，继续在医疗、预防、保健机构中执业的，应当按本办法规定，申请执业医师注册。

第十六条 《医师执业证书》应当由本人妥善保管，不得出借、出租、抵押、转让、涂改和毁损。如发生损坏或者遗失的，当事人应当及时向原发证部门申请补发。

第十七条 医师跨执业地点增加执业机构，应当向批准该机构执业的卫生计生行政部门申请增加注册。

执业助理医师只能注册一个执业地点。

第四章　注册变更

第十八条 医师注册后有下列情形之一的，医师个人或者其所在的医疗、预防、保健机构，应当自知道或者应当知道之日起 30 日内报告注册主管部门，办理注销注册：

（一）死亡或者被宣告失踪的；

（二）受刑事处罚的；

（三）受吊销《医师执业证书》行政处罚的；

（四）医师定期考核不合格，并经培训后再次考核仍不合格的；

（五）连续两个考核周期未参加医师定期考核的；

（六）中止医师执业活动满二年的；

（七）身体健康状况不适宜继续执业的；

（八）出借、出租、抵押、转让、涂改《医师执业证书》的；

（九）在医师资格考试中参与有组织作弊的；

（十）本人主动申请的；

（十一）国家卫生计生委规定不宜从事医疗、预防、保健业务的其他情形的。

第十九条 医师注册后有下列情况之一的，其所在的医疗、预防、保健机构应当自办理相关手续之日起 30 日内报注册主管部门，办理备案：

（一）调离、退休、退职；

（二）被辞退、开除；

（三）省级以上卫生计生行政部门规定的其他情形。

上述备案满 2 年且未继续执业的予以注销。

第二十条 医师变更执业地点、执业类别、执业范围等注册事项的，应当通过国家医师管理信息系统提交医师变更执业注册申请及省级以上卫生计生行政部门规定的其他材料。

医师因参加培训需要注册或者变更注册的，应当按照本办法规定办理相关手续。

医师变更主要执业机构的，应当按本办法第十二条的规定重新办理注册。

医师承担经主要执业机构批准的卫生支援、会诊、进修、学术交流、政府交办事项等任务和参加卫生计生行政部门批准的义诊，以及在签订帮扶或者托管协议医疗机构内执业等，不需办理执业地点变更和执业机构备案手续。

第二十一条 注册主管部门应当自收到变更注册申请之日起 20 个工作日内办理变更注册手续。对因不符合变更注册条件不予变更的，应当自收到变更注册申请之日起 20 个工作日内书面通知申请人，并说明理由。

第二十二条 国家实行医师注册内容公开制度和查询制度。

地方各级卫生计生行政部门应当按照规定提供医师注册信息查询服务，并对注销注册的人员名单予以公告。

第二十三条　医疗、预防、保健机构未按照本办法第十八条规定履行报告职责，导致严重后果的，由县级以上卫生计生行政部门依据《执业医师法》第四十一条规定进行处理。

医疗、预防、保健机构未按照本办法第十九条规定履行报告职责，导致严重后果的，由县级以上地方卫生计生行政部门对该机构给予警告，并对其主要负责人、相关责任人依法给予处分。

第五章　附　则

第二十四条　中医（包括中医、民族医、中西医结合）医师执业注册管理由中医（药）主管部门负责。

第二十五条　港澳台人员申请在内地（大陆）注册执业的，按照国家有关规定办理。

外籍人员申请在中国境内注册执业的，按照国家有关规定办理。

第二十六条　本办法自 2017 年 4 月 1 日起施行。1999 年 7 月 16 日原卫生部公布的《医师执业注册暂行办法》同时废止。

附　录

疑难病例讨论制度

（本文为参考资料）

一、疑难危重病例讨论是解决临床疑难危重病人的诊断、治疗难题及临床教学的重要方法，为保证我院的疑难重症病例讨论程序化、制度化，特制定本制度。

二、病例选择：疑难病例一般是指一周至十天未能确诊或治疗困难或疗效不佳的患者，需组织疑难病例讨论。七天内未能确诊的疑难病例应组织科内讨论，十五天内不能确诊者，组织院内讨论，紧急情况即刻组织讨论，非紧急的，在四十八小时内组织讨论。

三、各临床科室遇有上述患者，即刻报告科主任，决定讨论范围和时间，必要时报医务科，由医务科组织有关专家进行院内疑难重症病例讨论，同时也可应患者家属请求吸收院外专家参加。

四、讨论方式和讨论范围：

（一）全科病例讨论：由主治医师提出，科室主任主持，全科各级人员参加。

（二）全院讨论或外院专家参加的讨论会，则由经治科室主任提出，医务科负责安排、组织，全院讨论由科主任主持；必要时由分管院长或医务科主持。

五、讨论程序：由主治医师详细介绍病史、诊疗过程及各种检查结果，经主治医师以病例诊断、治疗为重点，陈述当前治疗方案、治疗后出现的病情变化，进行全面的分析和介绍，提出诊疗过程中的困难。参加专家需对患者病历、当前病情进行全面分析，应用国内外学术理论、专业新进展及针对病情的可行性诊治方案做进一步讨论，最后由讨论会主持者归纳总结，尽早明确诊断，形成统一的诊疗方案。

六、经治科室讨论前应作好充分的资料准备。应先由住院医师与主治医师整理有关临床资料，尽可能写出书面摘要发到有关医师手中，有病理报告者可邀请病理科医师参加，报科主任决定讨论具体时间与地点，并通知参加讨论的有关人员。

七、专家讨论对病情的分析，进一步诊疗方案，经治医生必须认真记载在"疑难病例会诊讨论记录本"中，对有争议的学术观点不必记载在病程记录中（允许记录在科室保存的《疑难病例会诊讨论记录本》中）

八、讨论内容包括，病情分析，诊断意见，进一步检查意见，治疗方案，疗效分析及预后评估。

九、病程记录

（一）讨论情况应及时摘要记入病程记录中，可另页书写，也可记录在病程记录中，内容包括：姓名，住院号，记录时间，讨论时间，主持人姓名及专业技术职务，参加人姓名及专业技术职务，讨论意见，签名等。

（二）"讨论意见"栏简明扼要记录参加讨论人员的主要意见以及最终诊断，治疗意见，要求集中主题，归纳讨论总结性意见，讨论记录由经治医师书写，主持人审阅并签名。

医师资格考试暂行办法

中华人民共和国卫生部令

第 4 号

现发布《医师资格考试暂行办法》，请遵照执行。

卫生部部长

一九九九年七月十六日

（1999 年 7 月 16 日中华人民共和国卫生部令第 4 号公布；根据 2008 年 6 月 6 日卫生部关于修订《医师资格考试暂行办法》的通知修正）

第一章 总 则

第一条 根据《中华人民共和国执业医师法》（以下简称《执业医师法》）第八条的规定，制定本办法。

第二条 医师资格考试是评价申请医师资格者是否具备执业所必须的专业知识与技能的考试。

第三条 医师资格考试分为执业医师资格考试和执业助理医师

资格考试。考试类别分为临床、中医（包括中医、民族医、中西医结合）、口腔、公共卫生四类。考试方式分为实践技能考试和医学综合笔试。

医师资格考试方式的具体内容和方案由卫生部医师资格考试委员会制定。

第四条 医师资格考试实行国家统一考试，第 5 条每年举行一次。考试时间由卫生部医师资格考试委员会确定，提前 3 个月向社会公告。

第二章　组织管理

第五条 卫生部医师资格考试委员会，负责全国医师资格考试工作。委员会下设办公室和专门委员会。各省、自治区、直辖市卫生行政部门牵头成立医师资格考试领导小组，负责本辖区的医师资格考试工作。领导小组组长由省级卫生行政部门的主要领导兼任。

第六条 医师资格考试考务管理实行同级卫生行政部门领导下的国家医学考试中心、考区、考点三级分别负责制。

第七条 国家医学考试中心在卫生部和卫生部医师资格考试委员会领导下，具体负责医师资格考试的技术性工作，其职责是：

（一）组织拟定考试大纲和命题组卷的有关具体工作；

（二）组织制订考务管理规定；

（三）承担考生报名信息处理、制卷、发送试卷、回收答题卡等考务工作；

（四）组织评定考试成绩，提供考生成绩单；

（五）提交考试结果统计分析报告；

（六）向卫生部和卫生部医师资格考试委员会报告考试工作；

（七）指导考区办公室和考点办公室的业务工作；

（八）承担命题专家的培训工作；

（九）其他。

第八条 各省、自治区、直辖市为考区，1 考区主任由省级卫生行政部门主管领导兼任。

考区的基本情况和人员组成报卫生部医师资格考试委员会备案。

考区设办公室，其职责是：

（一）制定本地区医师考试考务管理具体措施；

（二）负责本地区的医师资格考试考务管理；

（三）指导各考点办公室的工作；

（四）接收或转发报名息、试卷、答题卡、成绩单等考试资料；向国家医学考试中心寄送报名信息、答题卡等考试资料；

（五）复考生报名 8 资格；

（六）处理、上报考试期间本考区发生的重大问题；

（七）其他。

第九条 考区根据考生情况设置考点，报卫生部医师资格考试委员会备案。考点应设在地或设区的市。考点设主考一人，由地或设区的市级卫生行政主管领导兼任。

考点设置应符合考点设置标准。

考点设办公室，其职责是：

（一）负责本地区医师资格考试考务工作；

（二）受理考生报名实考生提供的报名材料，审核考生报名资格；

（三）指导考生填写报名信息表，按统一要求处理考生信息；

（四）收取考试费；

（五）核发《准考证》；

（六）安排考场，组织培训监考人员；

（七）负责接收本考点的试卷、答题卡，负责考试前的机要存放；

（八）组织实施考试；

（九）考试结束后清点试卷、答题卡，寄送答题卡并销毁试卷；

（十）分发成绩单并受理成绩查询；

（十一）处理、上报考试期间本考点发生的问题；

（十二）其他。

第十条 各级考试管理部门和机构要有计划地逐级培训考务工作人员。

第三章 报考程序

第十一条 凡符合《执业医师法》第九条所列条件的，可以申请参加执业医师资格考试。

在 1998 年 6 月 26 日前获得医士专业技术职务任职资格，后又取得执业助理医师资格的，医士从业时间和取得执业助理医师执业证书后执业时间累计满五年的，可以申请参加执业医师资格考试。

高等学校医学专业本科以上学历是指国务院教育行政部门认可的各类高等学校医学专业本科以上的学历。

第十二条 凡符合《执业医师法》第十条所列条件的，可以申请参加执业助理医师资格考试。

高等学校医学专科学历是指省级以上教育行政部门认可的各类高等学校医学专业专科学历；中等专业学校医学专业学历是指经省级以上教育行政部门认可的各类中等专业学校医学专业中专学历。

第十三条 申请参加医师资格考试的人员，应当在公告规定期限内，到户籍所在地的考点办公室报名，并提交下列材料：

（一）二寸免冠正面半身照片两张；

（二）本人身份证明；

（三）毕业证书复印件；

（四）试用机构出具的试用期满一年并考核合格的证明；

（五）执业助理医师申报执业医师资格考试的，还应当提交《医师资格证书》复印件、《医师执业证书》复印件、执业时间和

考核合格证明;

（六）报考所需的其他材料。

试用机构与户籍所在地跨省分离的，由试用机构推荐，可在试用机构所在地报名参加考试。

第十四条 经审查，符合报考条件，由考点发放《准考证》。

第十五条 考生报名后不参加考试的，取消本次考试资格。

第四章　实践技能考试

第十六条 在卫生部医师资格考试委员会领导下，省级医师资格考试领导小组根据本辖区考生情况及专业特点，依据实践技能考试大纲，负责实施实践技能考试工作。

第十七条 已经取得执业助理医师执业证书，报考执业医师资格的，可以免于实践技能考试。

第十八条 经省级医师资格考试领导小组批准的，符合《医疗机构基本标准》二级以上医院（中医、民族医、中西医结合医院除外）、妇幼保健院，急救中心标准的机构，承担对本机构聘用的申请报考临床类别人员的实践技能考试。

除前款规定的人员外，其他人员应根据考点办公室的统一安排，到省级医师资格考试领导小组指定的地或设区的市级以上医疗、预防、保健机构或组织参加实践技能考试。该机构或组织应当在考生医学综合笔试考点所在地。

第十九条 承担实践技能考试的考官应具备下列条件：

（一）取得主治医师以上专业技术职务任职资格满三年；

（二）具有一年以上培训医师或指导医学专业学生实习的工作经历；

（三）经省级医师资格考试领导小组进行考试相关业务知识的培训，考试成绩合格，并由省级医师资格考试领导小组颁发实践技能考试考官聘任证书。实践技能考试考官的聘用任期为二年。

第二十条 承担实践技能考试的机构或组织内设若干考试小组。每个考试小组由三人以上单数考官组成。其中一名为主考官。主考官应具有副主任医师以上专业技术职务任职资格，并经承担实践技能考试机构或组织的主要负责人推荐，报考点办公室审核，由考点主考批准。

第二十一条 考官有下列情形之一的，必须自行回避；应试者也有权以口头或者书面方式申请回避：

（一）是应试者的近亲属；

（二）与应试者有利害关系；

（三）与应试者有其他关系，可能影响考试公正的。

前款规定适用于组织考试的工作人员。

第二十二条 实践技能考试机构或组织应对应试者所提交的试用期一年的实践材料进行认真审核。

第二十三条 考试小组进行评议时，如果意见分歧，应当少数服从多数，并由主考官签署考试结果。但是少数人的意见应当写入笔录。评议笔录由考试小组的全体考官签名。

第二十四条 省级医师资格考试领导小组要加强对承担实践技能考试工作的机构或组织的检查、指导、监督和评价。

第二十五条 本办法第十八条第一款规定的机构，应当将考生考试结果及有关资料报考点办公室审核。考点办公室应在医学综合笔试考试日期 15 日前将考生实践技能考试结果通知考生，并对考试合格的，发给由主考签发的实践技能考试合格证明。

本办法第十八条第二款规定的机构或组织应于考试结束后将考生考试结果及有关资料报考点办公室审核，由考点办公室将考试结果通知考生，对考试合格的，发给由主考签发的实践技能考试合格证明。具体上报和通知考生时间由省级卫生行政部门规定。

实践技能考试合格者方能参加医学综合笔试。

第五章　医学综合笔试

第二十六条　实践技能考试合格的考生应持实践技能考试合格证明参加医学综合笔试。

第二十七条　医师资格考试试卷（包括备用卷）和标准答案，启用前应当严格保密；使用后的试卷应予销毁。

第二十八条　国家医学考试中心向考区提供医学综合笔试试卷和答题卡、各考区成绩册、考生成绩单及考试统计分析结果。考点在考区的领导监督下组织实施考试。

第二十九条　考试中心、考区、考点工作人员及命题人员，如有直系亲属参加当年医师资格考试的，应实行回避。

第三十条　医师资格考试结束后，考区应当立即将考试情况报告医师资格考试委员会。

第三十一条　医师资格考试的合格线由医师资格考试委员会确定，并向社会公告。

第三十二条　考生成绩单由考点发给考生。考生成绩在未正式公布前，应当严格保密。

第三十三条　考试成绩合格的，授予执业医师资格或执业助理医师资格，由省级卫生行政部门颁发卫生部统一印制的《医师资格证书》。

《医师资格证书》是执业医师资格或执业助理医师资格的证明文件。

第六章　处　罚

第三十四条　考生有下列情形之一的，当年本单元考试成绩无效：

（一）进入考场时，未按要求将所携带的规定以外物品放在指定位置，并经告诫不改的；

（二）开考后，未在规定的座位参加考试的；

（三）考试开始信号发出前答题或者考试结束信号发出后继续答题的；

（四）在考场或者医师资格考试机构禁止的范围内，喧哗、吸烟或者实施其他影响考场秩序的行为，经告诫不改的；

（五）未经考试工作人员同意在考试过程中擅自离开座位或考场的；

（六）用规定以外的笔或者纸答题的，或者在试卷规定以外的地方书写姓名、考号、试题答案的，或者以其他方式在答卷（含答题卡，下同）上标记信息的。

考生有下列情形之一的，当年考试成绩无效：

（一）携带记载有与考试内容相关文字的纸质材料或者存储有与考试内容相关资料的电子设备参加考试的；

（二）在考试过程中旁窥、交头接耳、互打暗号或者手势的；

（三）抄袭、协助他人抄袭试题答案或者与考试内容相关的资料的；

（四）故意损毁试卷、答卷或者考试材料的。

考生有下列情形之一的，当年考试成绩无效，2年内不得报名参加医师资格考试：

（一）抢夺、窃取他人试卷、答卷或者强迫他人为自己抄袭提供方便的；

（二）由他人冒名代替自己参加考试的；

（三）在规定时间内不在答卷上填写本人信息或者填写他人身份信息的；

（四）传、接物品或者交换试卷、答卷的；

（五）将试卷、答卷或者涉及试题、答案内容的材料带出考场的；

（六）通过伪造证件、证明及其他材料获得考试资格和考试成绩的；

（七）同一类别同一考场实践技能考试主观题答卷答案雷同的；

（八）开考后，被查出携带通讯工具或电子作弊设备的；

（九）故意扰乱考场、评卷场所等考试工作场所秩序，拒绝、妨碍考试工作人员履行管理职责，或威胁、侮辱、殴打考试工作人员或其他考生的；

（十）其他严重违规行为的。

考生有下列情形之一的，当年考试成绩无效，终身不得报名参加医师资格考试：

（一）考生在考试区域利用通讯工具或者电子设备发送试题答案或试卷内容的；

（二）参与有组织作弊的。

当年本单元考试成绩无效的处理由考点所在地县级卫生行政部门决定，当年考试成绩无效的处理由考点所在地设区的市级卫生行政部门决定，当年考试成绩无效并2年内或者终身不得报名参加医师资格考试的处理由考区所在地的省级卫生行政部门决定。

第三十五条 考试工作人员违反本办法，有下列情形之一的，由县级以上卫生行政部门给予警告或取消考试工作人员资格，考试工作人员所在单位可以给予记过、记大过、降级、降职、撤职、开除等处分；构成犯罪的，依法追究刑事责任：

（一）监考中不履行职责；

（二）在阅卷评分中错评、漏评、差错较多，经指出仍不改正的；

（三）泄漏阅卷评分工作情况；

（四）利用工作之便，为考生舞弊提供条件或者谋取私利；

（五）其他严重违纪行为。

第三十六条 考点有下列情况之一的，造成较大影响的，取消考点资格，并追究考点负责人的责任：

（一）考点考务工作管理混乱，出现严重差错的；

（二）所属考场秩序混乱、出现大面积舞弊、抄袭现象的；

（三）发生试卷泄密、损毁、丢失的；

（四）其他影响考试的行为。

考场、考点发生考试纪律混乱、有组织的舞弊，相应范围内考试无效。

第三十七条 卫生行政部门工作人员违反本办法有关规定，在考试中弄虚作假、玩忽职守、滥用职权、徇私舞弊，尚不构成犯罪的，依法给予行政处分；构成犯罪的，依法追究刑事责任。

第三十八条 为申请参加实践技能考试的考生出具伪证的，依法追究直接责任者的法律责任。执业医师出具伪证的，注销注册，吊销其《医师执业证书》。对出具伪证的机构主要负责人视情节予以降级、撤职等处分；构成犯罪的，依法追究刑事责任。

省级医师资格考试领导小组对违反有关规定的承担实践技能考试机构或组织责令限期整改；情节严重的，取消承担实践技能考试机构或组织的资格，五年内不得再次申请承担实践技能考试指定机构或组织。

第七章　附　则

第三十九条 省级卫生行政部门可根据本办法制定具体规定，并报卫生部备案。

第四十条 国家和省级中医药主管部门分别在卫生部医师资格考试委员会和省级医师资格考试领导小组统一安排下，参与组织中医（包括中医、民族医、中西医结合）医师资格考试中的有关技术性工作、考生资格审核、实践技能考试等。

第四十一条 本办法所称医疗机构是指符合《医疗机构管理条

例》第二条和《医疗机构管理条例实施细则》第二条和第三条规定的机构；社区卫生服务机构和采供血机构适用《医疗机构管理条例实施细则》第三条第一款（十二）的规定；预防机构是指《传染病防治法实施办法》第七十三条规定的机构。

第四十二条 计划生育技术服务机构中的人员适用本办法的规定。

第四十三条 本办法由卫生部解释。

第四十四条 本办法自颁布之日起施行。

医师定期考核管理办法

卫生部关于印发《医师定期考核管理办法》的通知

卫医发〔2007〕66 号

各省、自治区、直辖市卫生厅局，新疆生产建设兵团卫生局，卫生部直属有关单位，卫生部部属、部管医院：

为了加强对医师执业的管理，规范医师的执业行为，提高医师素质，保证医疗质量和医疗安全，根据《中华人民共和国执业医师法》和相关规定，我部组织制定了《医师定期考核管理办法》。现印发给你们，请遵照执行。

二〇〇七年二月九日

第一章 总 则

第一条 为了加强医师执业管理，提高医师素质，保证医疗质量和医疗安全，根据《中华人民共和国执业医师法》及相关规定，制定本办法。

第二条 本办法所称医师定期考核是指受县级以上地方人民政府卫生行政部门委托的机构或组织按照医师执业标准对医师的业务

水平、工作成绩和职业道德进行的考核。

第三条 依法取得医师资格，经注册在医疗、预防、保健机构中执业的医师，其定期考核适用本办法。

第四条 定期考核应当坚持客观、科学、公平、公正、公开原则。

第五条 医师定期考核分为执业医师考核和执业助理医师考核。考核类别分为临床、中医（包括中医、民族医、中西医结合）、口腔和公共卫生。

医师定期考核每两年为一个周期。

第六条 卫生部主管全国医师定期考核管理工作。

县级以上地方人民政府卫生行政部门主管其负责注册的医师定期考核管理工作。

第二章 考核机构

第七条 县级以上地方人民政府卫生行政部门可以委托符合下列条件之一的医疗、预防、保健机构或者医疗卫生行业、学术组织（以下统称考核机构）承担医师定期考核工作：（一）设有 100 张以上床位的医疗机构；（二）医师人数在 50 人以上的预防、保健机构；（三）具有健全组织机构的医疗卫生行业、学术组织。

县级以上地方人民政府卫生行政部门应当公布受委托的考核机构名单，并逐级上报至卫生部备案。

第八条 考核机构负责医师定期考核的组织、实施和考核结果评定，并向委托其承担考核任务的卫生行政部门报告考核工作情况及医师考核结果。

第九条 考核机构应当成立专门的考核委员会，负责拟定医师考核工作制度，对医师定期考核工作进行检查、指导，保证考核工作规范进行。考核委员会应当由具有中级以上专业技术职务的医学专业技术人员和有关医疗卫生管理人员组成。

第十条 卫生行政部门应当对委托的考核机构的医师定期考核工作进行监督，并可以对考核机构的考核结果进行抽查核实。

第三章 考核方式及管理

第十一条 医师定期考核包括业务水平测评、工作成绩和职业道德评定。

业务水平测评由考核机构负责；工作成绩、职业道德评定由医师所在医疗、预防、保健机构负责，考核机构复核。

第十二条 考核机构应当于定期考核日前 60 日通知需要接受定期考核的医师。

考核机构可以委托医疗、预防、保健机构通知本机构的医师。

第十三条 各级各类医疗、预防、保健机构应当按要求对执业注册地点在本机构的医师进行工作成绩、职业道德评定，在《医师定期考核表》上签署评定意见，并于业务水平测评日前 30 日将评定意见报考核机构。

医疗、预防、保健机构对本机构医师进行工作成绩、职业道德评定应当与医师年度考核情况相衔接。

医疗、预防、保健机构应当按规定建立健全医德考评制度，作为对本机构医师进行职业道德评定的依据。

第十四条 考核机构应当先对报送的评定意见进行复核，然后根据本办法的规定对参加定期考核的医师进行业务水平测评，并在《医师定期考核表》上签署意见。业务水平测评可以采用以下一种或几种形式：

（一）个人述职；

（二）有关法律、法规、专业知识的考核或考试以及技术操作的考核或考试；

（三）对其本人书写的医学文书的检查；

（四）患者评价和同行评议；

（五）省级卫生行政部门规定的其他形式。

第十五条 考核机构综合医疗、预防、保健机构的评定意见及业务水平测评结果对医师做出考核结论，在《医师定期考核表》上签署意见，并于定期考核工作结束后 30 日内将医师考核结果报委托其考核的卫生行政部门备案，同时书面通知被考核医师及其所在机构。

第十六条 医师认为考核机构的考核人员与其有利害关系，可能影响考核客观公正的，可以在考核前向考核机构申请回避。理由正当的，考核机构应当予以同意。

考核机构的考核人员与接受考核的医师有利害关系的，应当主动回避。

第十七条 卫生行政部门应当向考核机构提供参加考核医师考核周期内的行政处罚情况。

第十八条 在考核周期内，拟变更执业地点的或者有执业医师法第三十七条所列情形之一但未被吊销执业证书的医师，应当提前进行考核。

需提前进行考核的医师，由其执业注册所在机构向考核机构报告。

第四章 执业记录与考核程序

第十九条 国家实行医师行为记录制度。医师行为记录分为良好行为记录和不良行为记录。

良好行为记录应当包括医师在执业过程中受到的奖励、表彰、完成政府指令性任务、取得的技术成果等；不良行为记录应当包括因违反医疗卫生管理法规和诊疗规范常规受到的行政处罚、处分，以及发生的医疗事故等。

医师行为记录作为医师考核的依据之一。

第二十条　医师定期考核程序分为一般程序与简宜程序。一般程序为按照本办法第三章规定进行的考核。简宜程序为本人书写述职报告，执业注册所在机构签署意见，报考核机构审核。

第二十一条　符合下列条件的医师定期考核执行简宜程序：
（一）具有 5 年以上执业经历，考核周期内有良好行为记录的；
（二）具有 12 年以上执业经历，在考核周期内无不良行为记录的；
（三）省级以上卫生行政部门规定的其他情形。

其他医师定期考核按照一般程序进行。

第五章　考核结果

第二十二条　考核结果分为合格和不合格。工作成绩、职业道德和业务水平中任何一项不能通过评定或测评的，即为不合格。

第二十三条　医师在考核周期内按规定通过住院医师规范化培训或通过晋升上一级专业技术职务考试，可视为业务水平测评合格，考核时仅考核工作成绩和职业道德。

第二十四条　被考核医师对考核结果有异议的，可以在收到考核结果之日起 30 日内，向考核机构提出复核申请。考核机构应当在接到复核申请之日起 30 日内对医师考核结果进行复核，并将复核意见书面通知医师本人。

第二十五条　卫生行政部门应当将考核结果记入《医师执业证书》的"执业记录"栏，并录入医师执业注册信息库。

第二十六条　对考核不合格的医师，卫生行政部门可以责令其暂停执业活动 3 个月至 6 个月，并接受培训和继续医学教育；暂停执业活动期满，由考核机构再次进行考核。对考核合格者，允许其继续执业，但该医师在本考核周期内不得评优和晋升；对考核不合格的，由卫生行政部门注销注册，收回医师执业证书。

第二十七条 医师在考核周期内有下列情形之一的，考核机构应当认定为考核不合格：

（一）在发生的医疗事故中负有完全或主要责任的；

（二）未经所在机构或者卫生行政部门批准，擅自在注册地点以外的医疗、预防、保健机构进行执业活动的；

（三）跨执业类别进行执业活动的；

（四）代他人参加医师资格考试的；

（五）在医疗卫生服务活动中索要患者及其亲友财物或者牟取其他不正当利益的；

（六）索要或者收受医疗器械、药品、试剂等生产、销售企业或其工作人员给予的回扣、提成或者谋取其他不正当利益的；

（七）通过介绍病人到其他单位检查、治疗或者购买药品、医疗器械等收取回扣或者提成的；

（八）出具虚假医学证明文件，参与虚假医疗广告宣传和药品医疗器械促销的；

（九）未按照规定执行医院感染控制任务，未有效实施消毒或者无害化处置，造成疾病传播、流行的；

（十）故意泄漏传染病人、病原携带者、疑似传染病病人、密切接触者涉及个人隐私的有关信息、资料的；

（十一）疾病预防控制机构的医师未依法履行传染病监测、报告、调查、处理职责，造成严重后果的；

（十二）考核周期内，有一次以上医德考评结果为医德较差的；

（十三）无正当理由不参加考核，或者扰乱考核秩序的；

（十四）违反《执业医师法》有关规定，被行政处罚的。

第六章　监督管理

第二十八条 医疗、预防、保健机构不按照本办法对执业注册地点在本机构的医师进行工作成绩、职业道德评定或者弄虚作假，以及不配合医师定期考核的，卫生行政部门应当责令改正，经责令仍不改正的，对该机构及其主要责任人和有关责任人予以通报批评。

第二十九条 考核机构有下列情形之一的，卫生行政部门应当责令改正；情节严重的，取消其两个考核周期以上的考核机构资格。

（一）不履行考核职责或者未按规定履行职责的；

（二）在考核工作中有弄虚作假、徇私舞弊行为的；

（三）在考核过程中显失公平的；

（四）考核人员索要或者收受被考核医师及其所在机构财物的；

（五）拒绝接受卫生行政部门监督或者抽查核实的；

（六）省级以上卫生行政部门规定的其他情形。

第三十条 考核机构工作人员违反有关规定，弄虚作假、玩忽职守、滥用职权、徇私舞弊，按《执业医师法》第四十二条处理。

第三十一条 医师以贿赂或欺骗手段取得考核结果的，应当取消其考核结果，并判定为该考核周期考核不合格。

第七章　附　则

第三十二条 中医、民族医、中西医结合医疗机构中医师的考核工作由核准该医疗机构执业的卫生或中医药行政部门委托符合条件的考核机构按照本办法组织实施。

第三十三条 本办法所称业务水平包括医师掌握医疗卫生管理相关法律、法规、部门规章和应用本专业的基本理论、基础知识、基本技能解决实际问题的能力以及学习和掌握新理论、新知识、新技术和新方法的能力。

本办法所称工作成绩包括医师执业过程中，遵守有关规定和要求，一定阶段完成工作的数量、质量和政府指令性工作的情况。

本办法所称职业道德包括医师执业中坚持救死扶伤，以病人为中心，以及医德医风、医患关系、团结协作、依法执业状况等。

第三十四条 对从事母婴保健工作医师的考核还应包括《中华人民共和国母婴保健法》及其实施办法规定的考核内容。

第三十五条 省、自治区、直辖市卫生行政部门可以根据本办法制定实施细则。

第三十六条 本办法由卫生部负责解释。

第三十七条 本办法自 2007 年 5 月 1 日起施行。

附 录

首诊负责制度

（本文为参考资料）

一、首诊负责是指第一位接诊医师（首诊医师）对所接诊病人，特别是对急、危重病人的检查、诊断、治疗、转科和转院等工作负责到底。

二、首诊医师除按要求进行病史、体格检查、辅助检查的详细记录外，对诊断已明确的病人应积极治疗或收住院治疗；对诊断尚未明确的病人应对症治疗，并及时请上级医师会诊或邀请有关科室医师会诊，诊断明确后即转有关科室治疗。

三、诊断明确须住院治疗的急、危、重症病人，必须及时收入院，如因本院条件所限，确需转院者，按转院制度执行。

四、如遇危重病人需抢救时，首诊医师首先抢救并及时通知上级医师、科主任主持抢救工作，不得以任何理由拖延和拒绝抢救。

五、对已接诊的病人，需要会诊及转诊的，首诊医师应写好病历、检查后再转到有关科室会诊及治疗。急诊病人特别是危重病人首诊医师应亲自或指定护士护送并做好交接手续。

六、医务科、门诊部负责对首诊负责制度实施情况进行监督检查，发现问题及时通报和处理。

七、急诊病人首诊医师应当做好病程记录，完善有关检查并给予积极处理，若确属他科情况及时请相关科室会诊，直到会诊科室签署接受意见后方可转科。

八、凡不认真执行本制度而造成医疗差错、医患纠纷或医疗事故，给医院造成直接经济损失者，由当事人承担责任。

三级医师查房制度

（本文为参考资料）

一、规范与要求

（一）三级医师查房制度是执行医疗质量和医疗安全的核心制度，"三级医师"是指一级医师、二级医师和三级医师。

（二）医疗科室聘用的三级医师结构应当完整合理。

（三）"三级医师"的任职条件

1. 取得执业医师资格、经注册取得执业证书的医师，由所在科室提出、医教科批准，获得一级医师任职资格。

2. 取得主治医师任职资格的医师，由所在科室提出，医教科批准。获得二级医师任职资格。

3. 取得副主任医师任职资格后的医师，由所在科室提出、医教科通过、主管院长签字，获得三级医师任职资格。

（四）各级医师的岗位职责

1. 一级医师实行 24 小时负责制，每日上午、下午至少各查房一次。

一级医师担负基础医疗工作：采集病史、进行物理检查、开具基本辅助检查、提出初步诊断、实行基本治疗（处置）等。按照规定，及时书写医疗文书。向上级医师汇报患者的病情和诊疗情况，执行二级医师的指示。

2. 二级医师负责本科室或本科室一组患者的日常诊疗工作和危重患者的抢救工作。辅助指导、检查下级医师工作。参与特殊疑难患者，重大抢救患者的诊断、治疗、抢救及会诊工作向三级医师汇报工作，执行三级医师的指示。二级医师应当每日查房。

3. 三级医师辅助指导、检查下级医师的工作。重点解决特殊疑难的患者，重大抢救患者的诊断、治疗抢救及会诊工作、三级医师每周查房1—2次。

（五）具有下级医师任职资格的医师，不能承担上级医师的工作职责；具有上级医师任职资格的医师，根据科室工作安排，可有履行下级医师的工作职责。

（六）下级医师必须执行上级医师指示

如下级医师按规定向上级医师汇报、请示或执行了上级医师的指示，其责任由上级医师负责。

如下级医师不按规定向上级医师汇报、请示或不执行上级医师的指示，其责任由下级医师负责。

（七）上级医师必须对下级医师的工作进行指导、检查，对下级医师的工作做出指示。

（八）三级医师查房制度必须反映在查房、手术、抢救、医疗文书、值班、医疗质量管理等方面。三级医师可根据患者病情，查房意见病历中每周至少有1次记录内容，二级医师查房记录每周至少记录2次。

（九）二、三级医师可根据患者的病情向科室负责人提出组织科室内的病例讨论；科室负责人科根据患者的病情向医教科提出组织院内的病例讨论。

二、科室查房制度

（一）科主任、主任医师或主治医师查房，应有住院医师、护士长和有关人员参加。科主任、主任医师查房每周1—2次，主治医师查房每日1次，住院医师对所管病人每日至少查房2次。

（二）危重病员，住院医师应随时观察病情变化并及时处理，必要时请主治医师、科主任、主任医师临时检查病人。

（三）查房前，医护人员要做好准备工作，如病历、X线片、有关检查报告及所需的检查器材等。查房时，要自上而下逐级严格要求，认真负责。医师报告简要病历、病情并提需要解决的问题，主任或主治医师可根据情况做必要的检查和病情分析，并做出肯定性的指示，住院医师应认真做好记录。

（四）护士长要组织护理人员每周进行依次查房，主要检查护理质量，并且要研究解决疑难问题，结合实际教学。

（五）查房内容

1. 科主任、主任医师查房要解决疑难病历；审核新住院危重病人的诊断和治疗计划；决定重大手术及特殊检查治疗；抽查医嘱、病历、护理质量；听取医师、护士对诊疗护理的意见；进行必要的教学工作。

2. 主治医师查房：要求对所管病人进行系统查房。尤其是新住院、危重、诊断未明、治疗效果不好的病员进行重点检查与讨论；听取医师护士的反应；倾听病人的陈述；检查病历并纠正其中的错误的记录；了解病情变化；检查医嘱执行情况及治疗效果；决定出、转院问题。

3. 住院医师查房：要求重点巡视重危、疑难、待诊断、新住院、手术后的病人，同时巡视一般病人；检查化验报告，分析化验结果，提出进一步检查治疗意见；检查当天医嘱执行情况，给予必要的临时医嘱并写出次日晨特殊检查的医嘱；检查病员饮食情况；主动征求病人对医疗、护理、生活方面的需要。

（六）为保证查房质量，各级医护人员应遵守以下要求：

1. 提前安排好工作，上级医师查房不得随意不到，有特殊事情需报主查人批准。科主任、主任医师及主治医师查房，护士长和教学护士应参加。

2. 查房时各级人员应站在自己指定的位置上：主治医师应位于病人右侧；护士长（护士）带检查栏立于左侧，配合主查医师查体；报告病历医师立于左侧下方，上级主管医师立于右侧下方；其他人员依次位于病床周围。

3. 注意做好保护性医疗制度，凡对病人有不利影响的讨论和对

下级医师的批评不应在床前进行，应回办公室集中讨论

4. 查房报告病历、讨论、讲解时，均应注意声音清晰，使全体参加查房人员都能听清楚。

5. 各项操作及查体应严格消毒观念，每查完一病人后，应用消毒洗手水洗后方可检查下一病人，防止交叉感染。

6. 病历不准放在病床上，由实习医生或住院医师持病历，每查完一人将其病历送还病历车。

（七）查房纪律

1. 严格时间观念，无特殊情况，到时必须按时结束。

2. 查房时要做到：衣帽整齐、姿势端正，态度严谨，不许嬉笑。

3. 精神集中，不许交头接耳，要认真做好记录。

4. 查房时不允许随便外出及接待，不准接电话。

三、三级医师查房制度

（一）科主任、主任医师或主治医师查房，应有住院医师、护士长和有关人员参加。科主任、主任医师查房每周不少于1—2次，主治医师查房每周2—3次，查房一般在上午进行。住院医师对所管病员每日至少查房二次。

（二）对重危病员，住院医师应随时观察病情变化并及时处理，必要时可请主治医师、科主任、主任医师临时检查病员。

（三）查房前医护人员要做好准备工作，如病历、X光片子、各项有关检查报告及所需的检查器材等。查房时要自上而下逐级严格要求，认真负责，经治的住院医师要报告简要病历、当前病情并提出需要解决的问题。主任或主治医师可根据病情做必要的检查和病情分析，并做出肯定性的指示。

（四）护士长组织护理人员每周进行一次护理查房，主要检查护理质量，研究解决疑难问题，结合实际教学。

（五）查房内容

1. 科主任、主任医师查房，要解决疑难危重病例，审查对新入院、疑难重危病员的诊断、治疗计划，决定重大手术及特殊检查治疗；抽查医嘱、病历、护理质量；听取医师、护士对诊疗护理的意见；进行必要的教学工作。副主任医师对新入院的一般病人在首次查房时应提及包括疾病的诊断依据、鉴别诊断、治疗方案及治疗过程中应注意的问题等四方面的内容，对疑难病例应提及临床症状、体征、实验室检查结果在鉴别诊断的意义及明确诊断的途径、措施和方法；对已发出"病危"通知的病人，应自当天起连续三天，每天进行查房，查房需提及当前的主要矛盾以及解决主要矛盾的途径、措施和方法。

2. 主治医师查房：要求对所管病人分组进行系统查房，尤其对新入院、重危、诊断未明、治疗效果不好的病员进行重点检查与讨论，听取医师和护士的反映，倾听病员的陈述，检查病历并纠正其中的错误记录；了解病员的病情变化并征求他们对饮食、生活的意见；检查医嘱执行情况及治疗效果，决定出院、转科问题。

3. 住院医师查房，要重点巡视重危、疑难、待诊断、新入院、手术后的病员；检查化验报告单，分析检查结果，提出进一步检查或治疗的意见，检查当天医嘱执行的情况；给予必要的临时医嘱并开写次晨特殊检查的医嘱；检查病员的饮食情况；主动征求病人对医疗、护理生活等方面的意见。

（六）院领导及职能科室负责人，应有计划有目的地定期参加各科的查房，检查病员治疗情况和各方面存在的问题，及时研究解决。

查对制度

（本文为参考资料）

一、临床科室

（一）医生开医嘱、处方或进行治疗时，应查对患者姓名、性别、床号、住院号。

（二）护士执行医嘱时要进行"三查八对"：操作前、操作中、操作后；对床号和姓名、药名、剂量、时间、用法、浓度、有效期。

（三）清点药品时和使用药品前，要检查药品的名称、剂量、质量、标签、失效期和批号，注意药液有无浑浊、变质，粉剂、针剂有无裂痕、漏液，静脉给药要注意瓶口有无松动、裂缝，若存在疑问或不符合要求，不得使用。

（四）确认住院、留观患者身份应同时使用床号、姓名两种标识，核对时须让患者（若患者存在交流障碍由家属）陈述自己的床号、姓名等。

（五）给药前，注意询问有无过敏史；使用易过敏药物，应在每次给药前详细询问患者有无过敏史，是否做过过敏试验。若有过敏史或药物过敏试验阳性，应停止使用该药，通知医师并进行相关记录。

（六）使用麻醉、I类精神药品时，要经过2人至少2次以上核对方可使用，用后保留安瓿。

（七）给多种药物时，要注意配伍禁忌。。

（八）输血前在患者的床旁由两名工作人员按照三查八对制度准确核对受血者和血液信息，确保输血安全。

（九）自静配中心进入病房的各类配好药品，须经治疗护士再次核对后方可用于患者。

（十）用药须经二人核对无误后方可执行。

（十一）用药后再次核对床号、姓名、药名、剂量、浓度、用法和时间，确认无误后进行相关记录。

（十二）在药疗过程中，若患者或家属有疑问，应立即停止操作，与主管医生核对无误后，为患者进行解释取得患者同意后，方可继续操作。

二、手术室

（一）接患者时，要查对科别、床号、姓名、年龄、住院号、性别、诊断、手术名称及对称部位手术标识（手术部位标识查对参照我院《手术标识制度执行》）；择期手术，在患者的知情同意书完成后方可手术。

（二）手术患者实施麻醉前、皮肤切开之前、患者离开手术室之前，分别进行手术安全三方核查。（参照我院《手术安全核查与手术风险评估制度》）

（三）凡进行体腔或深部组织手术，器械护士与巡回护士要在术前与缝合前、后清点所有敷料和器械数。

（四）手术取下的标本，应由手术医师与巡回护士核对后，填写病理单送检。

三、药学部

（一）调剂处方时，查对科别、姓名、年龄，查药品，对药名、剂型、规格、数量，查配伍禁忌，对药品性状、用法用量，查用药合理性，对临床诊断。

（二）发药时，查对药名、规格、剂量、用法与处方内容是否相符；查对标签（药袋）与处方内容是否相符；查对药品有无变质，是否超过有效期；查对姓名、年龄，并交代用法及注意事项。

四、输血科

（一）血型鉴定和交叉配血试验，两人工作时要"双查双签"，一人工作时要重做一次。

（二）发血时，要与取血人共同查对科别、病房、床号、姓名、血型、交叉配血试验结果、血瓶（袋）号、采血日期、血液种类和剂量、血液质量。

（三）血袋包装核查，要检查血站的名称及其许可证号，献血者的姓名（或条形码）、血型，血液品种，采血日期及时期，有效期及时间，血袋编号（或条形码），存储条件。

五、检验科

（一）采取标本时，要查对科别、床号、姓名、检验目的。

（二）收集标本时，查对科别、姓名、性别、联号、标本数量和质量。

（三）检验时，查对试剂、项目，化验单与标本是否相符以及标本的质量。

（四）检验后，查对目的、结果。

（五）发报告时，查对科别、病区、姓名。

六、病理科

（一）收集标本时，查对科别、病区、姓名、性别、联号、标本、固定液。

（二）制片时，查对编号、标本种类、切片数量和质量。

（三）诊断时，查对编号、标本种类、临床诊断、病理诊断。

（四）发报告时，查对科别、病区、姓名。

七、医学影像科（含 CT、MRI、放射治疗、超声、核医学等部门）

（一）检查时，查对科别、病区、姓名、年龄、片号、部位、目的。

（二）治疗时，查对科别、病区、姓名、部位、条件、时间、角度、剂量。

（三）使用造影剂时应查对患者是否对造影剂过敏。

（四）发报告时，查对科别、病区、姓名。

八、康复科及针灸室

（一）各种治疗时，查对科别、病区、姓名、部位、种类、剂量、时间、皮肤。

（二）低频治疗时，并查对极性、电流量、次数。

（三）高频治疗时，并检查体表、体内有无金属异常。

（四）针刺治疗前，检查针的数量和质量，取针时，检查针数和有无断针。

九、特殊检查室（心电图、脑电图等部门）

（一）检查时，查对科别、床号、姓名、性别、检验目的。

（二）诊断时，查对姓名、编号、临床诊断、检查结果。

（三）发报告时查对科别、病区、姓名。

十、消毒供应中心

（一）回收器械包时，按科室分别放置于密闭容器内，进行交接、登记。

（二）准备器械包时，查对器械、器具的名称、规格、数量、清洗质量及功能。

（三）灭菌后的物品卸载时应查对包外胶带变色与批量监测是否合格、包外信息（器械包名称、灭菌日期、失效日期、灭菌锅号、锅次、包装者）是否齐全，有无湿包情况。

（四）发放器械包时，查对器械包所属科室名称、灭菌有效性及包装情况。灭菌有效性包括器械包名称、灭菌日期、失效日期、灭菌锅号、锅次、包装者、包外胶带变色。包装情况包括有无松散、是否清洁。

（五）发放植入物时，还应查对生物监测结果，紧急情况下五类化学指示物合格也可作为提前发放植入物的标志，待生物监测出结果后及时通知使用科室。

十一、其他科室：

应当根据上述要求精神，制定本科室工作的查对制度。

十二、急诊、病房、手术室、ICU、产房、新生儿室等转科或交接流程

急诊、病房、手术室、ICU、产房、新生儿室之间病人的转运交接要有专人负责，具体交接事项参照我院转院转科制度执行。如：手术前、手术结束后患者的病历、影像资料、术中特殊用药、器材等，病区护士与麻醉师（或手术室护士）之间应有交接与验收，双方签字，不允许由患者（家属）自带资料到手术室。

十三、其他有创操作

在其他有创诊疗的操作前，主要操作者应主动与患者（或家属）沟通，再次确认以下内容中的两项，患者姓名、性别、年龄、住院号、身份证号、家庭电话等作为识别和确认患者的方式。

护士条例

中华人民共和国国务院令

第 517 号

《护士条例》已经 2008 年 1 月 23 日国务院第 206 次常务会议通过，现予公布，自 2008 年 5 月 12 日起施行。

总理　温家宝

二〇〇八年一月三十一日

第一章　总　则

第一条　为了维护护士的合法权益，规范护理行为，促进护理事业发展，保障医疗安全和人体健康，制定本条例。

第二条　本条例所称护士，是指经执业注册取得护士执业证书，依照本条例规定从事护理活动，履行保护生命、减轻痛苦、增进健康职责的卫生技术人员。

第三条　护士人格尊严、人身安全不受侵犯。护士依法履行职责，受法律保护。

全社会应当尊重护士。

第四条　国务院有关部门、县级以上地方人民政府及其有关部门以及乡（镇）人民政府应当采取措施，改善护士的工作条件，保障护士待遇，加强护士队伍建设，促进护理事业健康发展。

国务院有关部门和县级以上地方人民政府应当采取措施，鼓励护士到农村、基层医疗卫生机构工作。

第五条　国务院卫生主管部门负责全国的护士监督管理工作。

县级以上地方人民政府卫生主管部门负责本行政区域的护士监督管理工作。

第六条　国务院有关部门对在护理工作中做出杰出贡献的护士，应当授予全国卫生系统先进工作者荣誉称号或者颁发白求恩奖章，受到表彰、奖励的护士享受省部级劳动模范、先进工作者待遇；对长期从事护理工作的护士应当颁发荣誉证书。具体办法由国务院有关部门制定。

县级以上地方人民政府及其有关部门对本行政区域内做出突出贡献的护士，按照省、自治区、直辖市人民政府的有关规定给予表彰、奖励。

第二章　执业注册

第七条　护士执业，应当经执业注册取得护士执业证书。

申请护士执业注册，应当具备下列条件：

（一）具有完全民事行为能力；

（二）在中等职业学校、高等学校完成国务院教育主管部门和国务院卫生主管部门规定的普通全日制3年以上的护理、助产专业课程学习，包括在教学、综合医院完成8个月以上护理临床实习，并取得相应学历证书；

（三）通过国务院卫生主管部门组织的护士执业资格考试；

（四）符合国务院卫生主管部门规定的健康标准。

护士执业注册申请，应当自通过护士执业资格考试之日起3年内提出；逾期提出申请的，除应当具备前款第（一）项、第（二）项和第（四）项规定条件外，还应当在符合国务院卫生主管部门规定条件的医疗卫生机构接受3个月临床护理培训并考核合格。

护士执业资格考试办法由国务院卫生主管部门会同国务院人事部门制定。

第八条 申请护士执业注册的，应当向拟执业地省、自治区、直辖市人民政府卫生主管部门提出申请。收到申请的卫生主管部门应当自收到申请之日起20个工作日内做出决定，对具备本条例规定条件的，准予注册，并发给护士执业证书；对不具备本条例规定条件的，不予注册，并书面说明理由。

护士执业注册有效期为5年。

第九条 护士在其执业注册有效期内变更执业地点的，应当向拟执业地省、自治区、直辖市人民政府卫生主管部门报告。收到报告的卫生主管部门应当自收到报告之日起7个工作日内为其办理变更手续。护士跨省、自治区、直辖市变更执业地点的，收到报告的卫生主管部门还应当向其原执业地省、自治区、直辖市人民政府卫生主管部门通报。

第十条 护士执业注册有效期届满需要继续执业的，应当在护士执业注册有效期届满前30日向执业地省、自治区、直辖市人民政府卫生主管部门申请延续注册。收到申请的卫生主管部门对具备本条例规定条件的，准予延续，延续执业注册有效期为5年；对不具备本条例规定条件的，不予延续，并书面说明理由。

护士有行政许可法规定的应当予以注销执业注册情形的，原注册部门应当依照行政许可法的规定注销其执业注册。

第十一条 县级以上地方人民政府卫生主管部门应当建立本行政区域的护士执业良好记录和不良记录，并将该记录记入护士执业信息系统。

护士执业良好记录包括护士受到的表彰、奖励以及完成政府指令性任务的情况等内容。护士执业不良记录包括护士因违反本条例以及其他卫生管理法律、法规、规章或者诊疗技术规范的规定受到行政处罚、处分的情况等内容。

第三章　权利和义务

第十二条　护士执业，有按照国家有关规定获取工资报酬、享受福利待遇、参加社会保险的权利。任何单位或者个人不得克扣护士工资，降低或者取消护士福利等待遇。

第十三条　护士执业，有获得与其所从事的护理工作相适应的卫生防护、医疗保健服务的权利。从事直接接触有毒有害物质、有感染传染病危险工作的护士，有依照有关法律、行政法规的规定接受职业健康监护的权利；患职业病的，有依照有关法律、行政法规的规定获得赔偿的权利。

第十四条　护士有按照国家有关规定获得与本人业务能力和学术水平相应的专业技术职务、职称的权利；有参加专业培训、从事学术研究和交流、参加行业协会和专业学术团体的权利。

第十五条　护士有获得疾病诊疗、护理相关信息的权利和其他与履行护理职责相关的权利，可以对医疗卫生机构和卫生主管部门的工作提出意见和建议。

第十六条　护士执业，应当遵守法律、法规、规章和诊疗技术规范的规定。

第十七条　护士在执业活动中，发现患者病情危急，应当立即通知医师；在紧急情况下为抢救垂危患者生命，应当先行实施必要的紧急救护。

护士发现医嘱违反法律、法规、规章或者诊疗技术规范规定的，应当及时向开具医嘱的医师提出；必要时，应当向该医师所在科室的负责人或者医疗卫生机构负责医疗服务管理的人员报告。

第十八条 护士应当尊重、关心、爱护患者，保护患者的隐私。

第十九条 护士有义务参与公共卫生和疾病预防控制工作。发生自然灾害、公共卫生事件等严重威胁公众生命健康的突发事件，护士应当服从县级以上人民政府卫生主管部门或者所在医疗卫生机构的安排，参加医疗救护。

第四章　医疗卫生机构的职责

第二十条 医疗卫生机构配备护士的数量不得低于国务院卫生主管部门规定的护士配备标准。

第二十一条 医疗卫生机构不得允许下列人员在本机构从事诊疗技术规范规定的护理活动：

（一）未取得护士执业证书的人员；

（二）未依照本条例第九条的规定办理执业地点变更手续的护士；

（三）护士执业注册有效期届满未延续执业注册的护士。

在教学、综合医院进行护理临床实习的人员应当在护士指导下开展有关工作。

第二十二条 医疗卫生机构应当为护士提供卫生防护用品，并采取有效的卫生防护措施和医疗保健措施。

第二十三条 医疗卫生机构应当执行国家有关工资、福利待遇等规定，按照国家有关规定为在本机构从事护理工作的护士足额缴纳社会保险费用，保障护士的合法权益。

对在艰苦边远地区工作，或者从事直接接触有毒有害物质、有感染传染病危险工作的护士，所在医疗卫生机构应当按照国家有关规定给予津贴。

第二十四条 医疗卫生机构应当制定、实施本机构护士在职培训计划，并保证护士接受培训。

护士培训应当注重新知识、新技术的应用；根据临床专科护理发展和专科护理岗位的需要，开展对护士的专科护理培训。

第二十五条 医疗卫生机构应当按照国务院卫生主管部门的规定，设置专门机构或者配备专（兼）职人员负责护理管理工作。

第二十六条 医疗卫生机构应当建立护士岗位责任制并进行监督检查。

护士因不履行职责或者违反职业道德受到投诉的，其所在医疗卫生机构应当进行调查。经查证属实的，医疗卫生机构应当对护士做出处理，并将调查处理情况告知投诉人。

第五章 法律责任

第二十七条 卫生主管部门的工作人员未依照本条例规定履行职责，在护士监督管理工作中滥用职权、徇私舞弊，或者有其他失职、渎职行为的，依法给予处分；构成犯罪的，依法追究刑事责任。

第二十八条 医疗卫生机构有下列情形之一的，由县级以上地方人民政府卫生主管部门依据职责分工责令限期改正，给予警告；逾期不改正的，根据国务院卫生主管部门规定的护士配备标准和在医疗卫生机构合法执业的护士数量核减其诊疗科目，或者暂停其6个月以上1年以下执业活动；国家举办的医疗卫生机构有下列情形之一、情节严重的，还应当对负有责任的主管人员和其他直接责任人员依法给予处分：

（一）违反本条例规定，护士的配备数量低于国务院卫生主管部门规定的护士配备标准的；

（二）允许未取得护士执业证书的人员或者允许未依照本条例

规定办理执业地点变更手续、延续执业注册有效期的护士在本机构从事诊疗技术规范规定的护理活动的。

第二十九条 医疗卫生机构有下列情形之一的，依照有关法律、行政法规的规定给予处罚；国家举办的医疗卫生机构有下列情形之一、情节严重的，还应当对负有责任的主管人员和其他直接责任人员依法给予处分：

（一）未执行国家有关工资、福利待遇等规定的；

（二）对在本机构从事护理工作的护士，未按照国家有关规定足额缴纳社会保险费用的；

（三）未为护士提供卫生防护用品，或者未采取有效的卫生防护措施、医疗保健措施的；

（四）对在艰苦边远地区工作，或者从事直接接触有毒有害物质、有感染传染病危险工作的护士，未按照国家有关规定给予津贴的。

第三十条 医疗卫生机构有下列情形之一的，由县级以上地方人民政府卫生主管部门依据职责分工责令限期改正，给予警告：

（一）未制定、实施本机构护士在职培训计划或者未保证护士接受培训的；

（二）未依照本条例规定履行护士管理职责的。

第三十一条 护士在执业活动中有下列情形之一的，由县级以上地方人民政府卫生主管部门依据职责分工责令改正，给予警告；情节严重的，暂停其6个月以上1年以下执业活动，直至由原发证部门吊销其护士执业证书：

（一）发现患者病情危急未立即通知医师的；

（二）发现医嘱违反法律、法规、规章或者诊疗技术规范的规定，未依照本条例第十七条的规定提出或者报告的；

（三）泄露患者隐私的；

（四）发生自然灾害、公共卫生事件等严重威胁公众生命健康的突发事件,不服从安排参加医疗救护的。

护士在执业活动中造成医疗事故的,依照医疗事故处理的有关规定承担法律责任。

第三十二条 护士被吊销执业证书的,自执业证书被吊销之日起 2 年内不得申请执业注册。

第三十三条 扰乱医疗秩序,阻碍护士依法开展执业活动,侮辱、威胁、殴打护士,或者有其他侵犯护士合法权益行为的,由公安机关依照治安管理处罚法的规定给予处罚;构成犯罪的,依法追究刑事责任。

第六章 附 则

第三十四条 本条例施行前按照国家有关规定已经取得护士执业证书或者护理专业技术职称、从事护理活动的人员,经执业地省、自治区、直辖市人民政府卫生主管部门审核合格,换领护士执业证书。

本条例施行前,尚未达到护士配备标准的医疗卫生机构,应当按照国务院卫生主管部门规定的实施步骤,自本条例施行之日起 3 年内达到护士配备标准。

第三十五条 本条例自 2008 年 5 月 12 日起施行。

附 录

护士执业注册管理办法

中华人民共和国卫生部令

第 59 号

《护士执业注册管理办法》已于 2008 年 5 月 4 日经卫生部部务会议讨论通过，现予以发布，自 2008 年 5 月 12 日起施行。

卫生部部长

二〇〇八年五月六日

第一条　为了规范护士执业注册管理，根据《护士条例》，制定本办法。

第二条　护士经执业注册取得《护士执业证书》后，方可按照注册的执业地点从事护理工作。

未经执业注册取得《护士执业证书》者，不得从事诊疗技术规范规定的护理活动。

第三条　卫生部负责全国护士执业注册监督管理工作。

省、自治区、直辖市人民政府卫生行政部门是护士执业注册的主管部门，负责本行政区域的护士执业注册管理工作。

第四条　省、自治区、直辖市人民政府卫生行政部门结合本行政区域的实际情况，制定护士执业注册工作的具体办法，并报卫生部备案。

第五条 申请护士执业注册，应当具备下列条件：

（一）具有完全民事行为能力；

（二）在中等职业学校、高等学校完成教育部和卫生部规定的普通全日制 3 年以上的护理、助产专业课程学习，包括在教学、综合医院完成 8 个月以上护理临床实习，并取得相应学历证书；

（三）通过卫生部组织的护士执业资格考试；

（四）符合本办法第六条规定的健康标准。

第六条 申请护士执业注册，应当符合下列健康标准：

（一）无精神病史；

（二）无色盲、色弱、双耳听力障碍；

（三）无影响履行护理职责的疾病、残疾或者功能障碍。

第七条 申请护士执业注册，应当提交下列材料：

（一）护士执业注册申请审核表；

（二）申请人身份证明；

（三）申请人学历证书及专业学习中的临床实习证明；

（四）护士执业资格考试成绩合格证明；

（五）省、自治区、直辖市人民政府卫生行政部门指定的医疗机构出具的申请人 6 个月内健康体检证明；

（六）医疗卫生机构拟聘用的相关材料。

第八条 卫生行政部门应当自受理申请之日起 20 个工作日内，对申请人提交的材料进行审核。审核合格的，准予注册，发给《护士执业证书》；对不符合规定条件的，不予注册，并书面说明理由。

《护士执业证书》上应当注明护士的姓名、性别、出生日期等个人信息及证书编号、注册日期和执业地点。

《护士执业证书》由卫生部统一印制。

第九条 护士执业注册申请，应当自通过护士执业资格考试之日起 3 年内提出；逾期提出申请的，除本办法第七条规定的材料外，还应当提交在省、自治区、直辖市人民政府卫生行政部门规定的教学、综合医院接受 3 个月临床护理培训并考核合格的证明。

第十条　护士执业注册有效期为 5 年。护士执业注册有效期届满需要继续执业的，应当在有效期届满前 30 日，向原注册部门申请延续注册。

第十一条　护士申请延续注册，应当提交下列材料：

（一）护士延续注册申请审核表；

（二）申请人的《护士执业证书》；

（三）省、自治区、直辖市人民政府卫生行政部门指定的医疗机构出具的申请人 6 个月内健康体检证明。

第十二条　注册部门自受理延续注册申请之日起 20 日内进行审核。审核合格的，予以延续注册。

第十三条　有下列情形之一的，不予延续注册：

（一）不符合本办法第六条规定的健康标准的；

（二）被处暂停执业活动处罚期限未满的。

第十四条　医疗卫生机构可以为本机构聘用的护士集体申请办理护士执业注册和延续注册。

第十五条　有下列情形之一的，拟在医疗卫生机构执业时，应当重新申请注册：

（一）注册有效期届满未延续注册的；

（二）受吊销《护士执业证书》处罚，自吊销之日起满 2 年的。

重新申请注册的，按照本办法第七条的规定提交材料；中断护理执业活动超过 3 年的，还应当提交在省、自治区、直辖市人民政府卫生行政部门规定的教学、综合医院接受 3 个月临床护理培训并考核合格的证明。

第十六条　护士在其执业注册有效期内变更执业地点等注册项

目，应当办理变更注册。

但承担卫生行政部门交办或者批准的任务以及履行医疗卫生机构职责的护理活动，包括经医疗卫生机构批准的进修、学术交流等除外。

第十七条 护士在其执业注册有效期内变更执业地点的，应当向拟执业地注册主管部门报告，并提交下列材料：

（一）护士变更注册申请审核表；

（二）申请人的《护士执业证书》。

注册部门应当自受理之日起 7 个工作日内为其办理变更手续。

护士跨省、自治区、直辖市变更执业地点的，收到报告的注册部门还应当向其原执业地注册部门通报。

省、自治区、直辖市人民政府卫生行政部门应当通过护士执业注册信息系统，为护士变更注册提供便利。

第十八条 护士执业注册后有下列情形之一的，原注册部门办理注销执业注册：

（一）注册有效期届满未延续注册；

（二）受吊销《护士执业证书》处罚；

（三）护士死亡或者丧失民事行为能力。

第十九条 卫生行政部门实施护士执业注册，有下列情形之一的，由其上级卫生行政部门或者监察机关责令改正，对直接负责的主管人员或者其他直接责任人员依法给予行政处分：

（一）对不符合护士执业注册条件者准予护士执业注册的；

（二）对符合护士执业注册条件者不予护士执业注册的。

第二十条 护士执业注册申请人隐瞒有关情况或者提供虚假材料申请护士执业注册的，卫生行政部门不予受理或者不予护士执业注册，并给予警告；已经注册的，应当撤销注册。

第二十一条 在内地完成护理、助产专业学习的香港、澳门特别行政区及台湾地区人员，符合本办法第五条、第六条、第七条规定的，可以申请护士执业注册。

第二十二条 计划生育技术服务机构护士的执业注册管理适用本办法的规定。

第二十三条 本办法下列用语的含义：

教学医院，是指与中等职业学校、高等学校有承担护理临床实习任务的合同关系，并能够按照护理临床实习教学计划完成教学任务的医院。

综合医院，是指依照《医疗机构管理条例》、《医疗机构基本标准》的规定，符合综合医院基本标准的医院。

第二十四条 本办法自 2008 年 5 月 12 日起施行。

分级护理制度

（本文为参考资料）

分级护理是指患者在住院期间，医护人员根据患者病情和（或）自理能力，确定并实施不同级别的护理。护理分级分为四个级别：特级护理、一级护理、二级护理和三级护理。

一、护理分级方法

（一）患者入院后医师根据其病情严重程度确定病情等级。

（二）护士根据患者 Barthel 指数评分，确定自理能力的等级。

（三）依据病情等级和（或）自理能力等级，确定患者护理分级。

（四）临床医护人员根据患者的病情和自理能力的变化动态调整患者护理分级。

二、护理分级依据和护理要点

（一）特级护理

1. 分级依据：符合以下情况之一，可确定为特级护理：

（1）维持生命，实施抢救性治疗的重症监护患者；

（2）病情危重，随时可能发生病情变化，需要进行监护、抢救的患者；

（3）各种复杂或大手术后，严重创伤或大面积烧伤的患者。

2. 护理要点：

（1）严密观察患者病情变化，监测生命体征；

（2）根据医嘱，正确实施治疗、给药措施；

（3）根据医嘱，准确测量出入量；

（4）根据患者病情和自理能力，正确实施基础护理和专科护理，如口腔护理、压疮护理、气道护理及管路护理等，实施安全措施；

    （5）保持患者的舒适和功能体位；

    （6）实施床旁交接班。

    （二）一级护理

    1. 分级依据：符合以下情况之一，可确定为一级护理：

    （1）病情趋向稳定的重症患者；

    （2）病情不稳定或随时可能发生变化的患者；

    （3）手术后或治疗期间需严格卧床的患者；

    （4）自理能力重度依赖的患者。

    2. 护理要点：

    （1）每小时巡视患者，观察患者病情变化；

    （2）根据患者病情，测量生命体征；

    （3）根据医嘱，正确实施治疗、给药措施；

    （4）根据患者病情和自理能力，正确实施基础护理和专科护理，如口腔护理、压疮护理、气道护理及管路护理等，实施安全措施；

    （5）提供护理相关的健康指导。

    （三）二级护理

    1. 分级依据：符合以下情况之一，可确定为二级护理：

    （1）病情趋于稳定或未明确诊断前，仍需观察，且自理能力轻度依赖的患者；

    （2）病情稳定，仍需卧床，且自理能力轻度依赖的患者；

    （3）病情稳定或处于康复期，且自理能力中度依赖的患者。

    2. 护理要点：

    （1）每2小时巡视患者，观察患者病情变化；

    （2）根据患者病情，测量生命体征；

    （3）根据医嘱，正确实施治疗、给药措施；

    （4）根据患者病情和自理能力，正确实施护理措施和安全措施；

（5）提供护理相关的健康指导。

（四）三级护理

1. 分级依据：符合以下情况之一，可确定为三级护理：

病情稳定或处于康复期，且自理能力轻度依赖或无需依赖的患者。

2. 护理要点：

（1）每3小时巡视患者，观察患者病情变化；

（2）根据患者病情，测量生命体征；

（3）根据医嘱，正确实施治疗、给药措施；

（4）提供护理相关的健康指导。

病历书写基本规范与管理制度

（本文为参考资料）

第一条 医院病历书写执行卫生部印发的《病历书写基本规范》

第二条 门诊病案记录应用蓝黑墨水、碳素墨水，需复写的病历资料可以使用蓝或黑色油水的圆珠笔。住院病案使用医院计算机管理信息系统医生工作站提供的专用工具书写，使用统一的病历纸打印。病案首页使用蓝黑色钢笔填写，"药物过敏"栏使用红色钢笔填写。病历书写应当客观、真实、准确、及时、完整、规范，医师应签全名。

实习医务人员、试用期医务人员书写的病历，应当经过本医疗机构注册的医务人员审阅、修改并签名。进修医务人员由医疗机构根据其胜任本专业工作实际情况认定后书写病历。

第三条 门诊病历的书写要求：

（一）要简明扼要。患者的姓名、性别、年龄、职业、籍贯、工作单位或住所由挂号室填写。主诉、现病史、既往史，各种阳性体征和必要的阴性体征，诊断或印象诊断及治疗、处理意见等均需记载于病历上，由医师书写签字。

（二）每次诊查，均应填写日期，急诊病历应加填时间。

（三）请求他科会诊，应将请求会诊目的及本科初步意见在病历上填写清楚。被邀请的会诊医师应在请求会诊的病历上填写检查所见、诊断和处理意见并签字。

（四）门诊患者需要住院检查和治疗时，由门诊医师签写住院通知单，并在病历上写明住院的原因和初步印象诊断。

（五）门诊医师对转诊患者应负责书写转诊病历摘要。

（六）门诊手术患者应建立门诊病历，术前应填写手术知情同意书，手术记录及《手术安全核查表》应保存在门诊病历中。

第四条 住院病历的书写要求：

（一）住院病历由实习医师负责书写，经住院医师审查签字，并做必要的补充修改；住院医师应写入院记录。实习医师不得代写入院记录。主治医师应审查修正并签字。

（二）入院记录于新患者入院后 24 小时内完成书写；首次病程记录 8 小时内完成，并进行拟诊分析，提出诊疗措施；抢救急危重症患者，有关医务人员应

在抢救结束后 6 小时内据实补记，并加以注明。出院记录和死亡记录应在患者出院或死亡 24 小时内完成。

（三）病案室制定全院统一的住院病历模版（包括页面设置、格式设置、书写格式、表格格式等）。各临床科室根据全院模版规定格式结合本专业的特点制定本科室模版，经医院病案管理委员会审批后执行。禁止随意制作个人模版和自造表格。

（四）计算机打印病历的书写应符合卫生部《病历书写基本规范》，对由文字处理软件编辑、打印的病历文档，禁止使用模版拷贝复制病历记录，病历记录全部内容、格式、时间均以签名后的纸版记录为准，并存档。计算机签名的最后一个字与上行的最后一个格对齐。病历打印后，由医生用蓝黑墨水笔在计算机签名前手书签名。

（五）主要疾病确诊后，以手工书写最后诊断（于病历纸左侧与初步诊断并列），包括病名、确诊日期，并签名。入院病历的最后诊断由住院医师记录，主治医师审核，并签名。

（六）按制度规定时限完成病历书写，并及时打印，防止因网络故障造成的数据丢失。打印色带应定期更换，保证打印效果。

（七）入院记录、首次病程记录、出院记录、死亡记录、死亡讨论记录、医疗表格、术后病程记录（需连续记录 3 天）均需单起

一页开始，连续排页。病程记录、上级医师查房记录、病例讨论记录、交（接）班记录、转科记录、阶段小结、术前小结等均应连续书写，不留空白。

（八）上级医生查房记录由经治医生书写，查房医生必须检查查房记录是否完整，并修改后签名。（住院医师书写的抢救记录、死亡记录、出院记录、术前讨论等重要记录，上级医师必须签名。）

（九）科间会诊记录由会诊医师手工书写记录于会诊单并签名。全院会诊意见及院外会诊意见，由经治医生记录、整理后录入电子病历，由上级医生或科主任审阅并签名。

（十）转科患者需连续记录病程时，页码排序应与转科前保持连贯。

（十一）患者出院后，应认真整理病历，删除未执行医嘱，保证电子文档和纸质文档的一致性。

（十二）凡移交患者均需由交班医师书写交班记录入病程记录内。阶段小结由经治医师负责填入病程记录内。

（十三）决定转诊、转科或转院的患者，由经治医师书写较为详细的转诊、转科、或转院记录，主治医师审查签字。转院记录最后由科主任审查签字。

（十四）各种化验单、检查报告单按顺序粘贴，并标记检查项目名称，结果正常的项目用蓝黑色标记，异常结果用红色标记。各种病情介绍单或诊断证明书亦应附于病历上。

第五条 病历排序：

（一）运行病历

体温单、长期医嘱单、临时医嘱单、入院记录、首次病程记录、病程记录、术前小结、术前讨论记录、手术知情同意书、麻醉知情同意书、麻醉记录单、围麻醉期访视记录、手术记录、术后病程记录、特殊治疗记录、（分娩志、分娩经过、产程图、产后日志）、会诊单、化验粘贴单、各种特殊检查报告、授权委托书、各种知情告知书、知情同意书、护理记录单、手术清点记录、手术安全核查表、手术风险评估表、其他、住院通知单、住院病案首页。

（二）出院病历

住院病案首页、出院记录（或死亡记录及《死亡医学证明书》）、住院通知单、入院记录、首次病程记录、病程记录、术前小结、术前讨论记录、手术知情同意书、麻醉知情同意书、麻醉记录单、围麻醉期访视记录、手术记录、术后病程记录、特殊治疗记录、（分娩志、分娩经过、产程图、产后日志）、会诊单、化验粘贴单、各种特殊检查报告、授权委托书、各种知情告知书、知情同意书、护理记录单、手术清点记录、手术安全核查表、手术风险评估表、长期医嘱单、临时医嘱单、体温单、其他。

中华人民共和国中医药法

中华人民共和国主席令

第五十九号

《中华人民共和国中医药法》已由中华人民共和国第十二届全国人民代表大会常务委员会第二十五次会议于 2016 年 12 月 25 日通过，现予公布，自 2017 年 7 月 1 日起施行。

中华人民共和国主席　习近平

2016 年 12 月 25 日

第一章　总　　则

第一条　为了继承和弘扬中医药，保障和促进中医药事业发展，保护人民健康，制定本法。

第二条　本法所称中医药，是包括汉族和少数民族医药在内的我国各民族医药的统称，是反映中华民族对生命、健康和疾病的认识，具有悠久历史传统和独特理论及技术方法的医药学体系。

第三条　中医药事业是我国医药卫生事业的重要组成部分。国家大力发展中医药事业，实行中西医并重的方针，建立符合中医药特点的管理制度，充分发挥中医药在我国医药卫生事业中的作用。

发展中医药事业应当遵循中医药发展规律，坚持继承和创新相结合，保持和发挥中医药特色和优势，运用现代科学技术，促进中医药理论和实践的发展。

国家鼓励中医西医相互学习，相互补充，协调发展，发挥各自优势，促进中西医结合。

第四条 县级以上人民政府应当将中医药事业纳入国民经济和社会发展规划，建立健全中医药管理体系，统筹推进中医药事业发展。

第五条 国务院中医药主管部门负责全国的中医药管理工作。国务院其他有关部门在各自职责范围内负责与中医药管理有关的工作。

县级以上地方人民政府中医药主管部门负责本行政区域的中医药管理工作。县级以上地方人民政府其他有关部门在各自职责范围内负责与中医药管理有关的工作。

第六条 国家加强中医药服务体系建设，合理规划和配置中医药服务资源，为公民获得中医药服务提供保障。

国家支持社会力量投资中医药事业，支持组织和个人捐赠、资助中医药事业。

第七条 国家发展中医药教育，建立适应中医药事业发展需要、规模适宜、结构合理、形式多样的中医药教育体系，培养中医药人才。

第八条 国家支持中医药科学研究和技术开发，鼓励中医药科学技术创新，推广应用中医药科学技术成果，保护中医药知识产权，提高中医药科学技术水平。

第九条 国家支持中医药对外交流与合作，促进中医药的国际传播和应用。

第十条 对在中医药事业中做出突出贡献的组织和个人，按照国家有关规定给予表彰、奖励。

第二章 中医药服务

第十一条 县级以上人民政府应当将中医医疗机构建设纳入医疗机构设置规划，举办规模适宜的中医医疗机构，扶持有中医药特色和优势的医疗机构发展。

合并、撤销政府举办的中医医疗机构或者改变其中医医疗性质，应当征求上一级人民政府中医药主管部门的意见。

第十二条 政府举办的综合医院、妇幼保健机构和有条件的专科医院、社区卫生服务中心、乡镇卫生院，应当设置中医药科室。

县级以上人民政府应当采取措施，增强社区卫生服务站和村卫生室提供中医药服务的能力。

第十三条 国家支持社会力量举办中医医疗机构。

社会力量举办的中医医疗机构在准入、执业、基本医疗保险、科研教学、医务人员职称评定等方面享有与政府举办的中医医疗机构同等的权利。

第十四条 举办中医医疗机构应当按照国家有关医疗机构管理的规定办理审批手续，并遵守医疗机构管理的有关规定。

举办中医诊所的，将诊所的名称、地址、诊疗范围、人员配备情况等报所在地县级人民政府中医药主管部门备案后即可开展执业活动。中医诊所应当将本诊所的诊疗范围、中医医师的姓名及其执业范围在诊所的明显位置公示，不得超出备案范围开展医疗活动。具体办法由国务院中医药主管部门拟订，报国务院卫生行政部门审核、发布。

第十五条 从事中医医疗活动的人员应当依照《中华人民共和国执业医师法》的规定，通过中医医师资格考试取得中医医师资格，并进行执业注册。中医医师资格考试的内容应当体现中医药特点。

以师承方式学习中医或者经多年实践，医术确有专长的人员，由至少两名中医医师推荐，经省、自治区、直辖市人民政府中医药主管部门组织实践技能和效果考核合格后，即可取得中医医师资格；按照考核内容进行执业注册后，即可在注册的执业范围内，以个人开业的方式或者在医疗机构内从事中医医疗活动。国务院中医药主管部门应当根据中医药技术方法的安全风险拟订本款规定人员的分类考核办法，报国务院卫生行政部门审核、发布。

第十六条　中医医疗机构配备医务人员应当以中医药专业技术人员为主，主要提供中医药服务；经考试取得医师资格的中医医师按照国家有关规定，经培训、考核合格后，可以在执业活动中采用与其专业相关的现代科学技术方法。在医疗活动中采用现代科学技术方法的，应当有利于保持和发挥中医药特色和优势。

社区卫生服务中心、乡镇卫生院、社区卫生服务站以及有条件的村卫生室应当合理配备中医药专业技术人员，并运用和推广适宜的中医药技术方法。

第十七条　开展中医药服务，应当以中医药理论为指导，运用中医药技术方法，并符合国务院中医药主管部门制定的中医药服务基本要求。

第十八条　县级以上人民政府应当发展中医药预防、保健服务，并按照国家有关规定将其纳入基本公共卫生服务项目统筹实施。

县级以上人民政府应当发挥中医药在突发公共卫生事件应急工作中的作用，加强中医药应急物资、设备、设施、技术与人才资源储备。

医疗卫生机构应当在疾病预防与控制中积极运用中医药理论和技术方法。

第十九条　医疗机构发布中医医疗广告，应当经所在地省、自治区、直辖市人民政府中医药主管部门审查批准；未经审查批准，不得发布。发布的中医医疗广告内容应当与经审查批准的内容相符合，并符合《中华人民共和国广告法》的有关规定。

第二十条　县级以上人民政府中医药主管部门应当加强对中医药服务的监督检查，并将下列事项作为监督检查的重点：

（一）中医医疗机构、中医医师是否超出规定的范围开展医疗活动；

（二）开展中医药服务是否符合国务院中医药主管部门制定的中医药服务基本要求；

（三）中医医疗广告发布行为是否符合本法的规定。

中医药主管部门依法开展监督检查，有关单位和个人应当予以配合，不得拒绝或者阻挠。

第三章　中药保护与发展

第二十一条　国家制定中药材种植养殖、采集、贮存和初加工的技术规范、标准，加强对中药材生产流通全过程的质量监督管理，保障中药材质量安全。

第二十二条　国家鼓励发展中药材规范化种植养殖，严格管理农药、肥料等农业投入品的使用，禁止在中药材种植过程中使用剧毒、高毒农药，支持中药材良种繁育，提高中药材质量。

第二十三条　国家建立道地中药材评价体系，支持道地中药材品种选育，扶持道地中药材生产基地建设，加强道地中药材生产基地生态环境保护，鼓励采取地理标志产品保护等措施保护道地中药材。

前款所称道地中药材，是指经过中医临床长期应用优选出来的，产在特定地域，与其他地区所产同种中药材相比，品质和疗效更好，且质量稳定，具有较高知名度的中药材。

第二十四条　国务院药品监督管理部门应当组织并加强对中药材质量的监测，定期向社会公布监测结果。国务院有关部门应当协助做好中药材质量监测有关工作。

采集、贮存中药材以及对中药材进行初加工，应当符合国家有关技术规范、标准和管理规定。

国家鼓励发展中药材现代流通体系，提高中药材包装、仓储等技术水平，建立中药材流通追溯体系。药品生产企业购进中药材应当建立进货查验记录制度。中药材经营者应当建立进货查验和购销记录制度，并标明中药材产地。

第二十五条　国家保护药用野生动植物资源，对药用野生动植物资源实行动态监测和定期普查，建立药用野生动植物资源种质基因库，鼓励发展人工种植养殖，支持依法开展珍贵、濒危药用野生动植物的保护、繁育及其相关研究。

第二十六条　在村医疗机构执业的中医医师、具备中药材知识和识别能力的乡村医生，按照国家有关规定可以自种、自采地产中药材并在其执业活动中使用。

第二十七条　国家保护中药饮片传统炮制技术和工艺，支持应用传统工艺炮制中药饮片，鼓励运用现代科学技术开展中药饮片炮制技术研究。

第二十八条　对市场上没有供应的中药饮片，医疗机构可以根据本医疗机构医师处方的需要，在本医疗机构内炮制、使用。医疗机构应当遵守中药饮片炮制的有关规定，对其炮制的中药饮片的质量负责，保证药品安全。医疗机构炮制中药饮片，应当向所在地设区的市级人民政府药品监督管理部门备案。

根据临床用药需要，医疗机构可以凭本医疗机构医师的处方对中药饮片进行再加工。

第二十九条　国家鼓励和支持中药新药的研制和生产。

国家保护传统中药加工技术和工艺，支持传统剂型中成药的生产，鼓励运用现代科学技术研究开发传统中成药。

第三十条　生产符合国家规定条件的来源于古代经典名方的中药复方制剂，在申请药品批准文号时，可以仅提供非临床安全性研究资料。具体管理办法由国务院药品监督管理部门会同中医药主管部门制定。

前款所称古代经典名方，是指至今仍广泛应用、疗效确切、具有明显特色与优势的古代中医典籍所记载的方剂。具体目录由国务院中医药主管部门会同药品监督管理部门制定。

第三十一条 国家鼓励医疗机构根据本医疗机构临床用药需要配制和使用中药制剂，支持应用传统工艺配制中药制剂，支持以中药制剂为基础研制中药新药。

医疗机构配制中药制剂，应当依照《中华人民共和国药品管理法》的规定取得医疗机构制剂许可证，或者委托取得药品生产许可证的药品生产企业、取得医疗机构制剂许可证的其他医疗机构配制中药制剂。委托配制中药制剂，应当向委托方所在地省、自治区、直辖市人民政府药品监督管理部门备案。

医疗机构对其配制的中药制剂的质量负责；委托配制中药制剂的，委托方和受托方对所配制的中药制剂的质量分别承担相应责任。

第三十二条 医疗机构配制的中药制剂品种，应当依法取得制剂批准文号。但是，仅应用传统工艺配制的中药制剂品种，向医疗机构所在地省、自治区、直辖市人民政府药品监督管理部门备案后即可配制，不需要取得制剂批准文号。

医疗机构应当加强对备案的中药制剂品种的不良反应监测，并按照国家有关规定进行报告。药品监督管理部门应当加强对备案的中药制剂品种配制、使用的监督检查。

第四章　中医药人才培养

第三十三条 中医药教育应当遵循中医药人才成长规律，以中医药内容为主，体现中医药文化特色，注重中医药经典理论和中医药临床实践、现代教育方式和传统教育方式相结合。

第三十四条 国家完善中医药学校教育体系，支持专门实施中医药教育的高等学校、中等职业学校和其他教育机构的发展。

中医药学校教育的培养目标、修业年限、教学形式、教学内容、教学评价及学术水平评价标准等，应当体现中医药学科特色，符合中医药学科发展规律。

第三十五条 国家发展中医药师承教育，支持有丰富临床经验和技术专长的中医医师、中药专业技术人员在执业、业务活动中带徒授业，传授中医药理论和技术方法，培养中医药专业技术人员。

第三十六条 国家加强对中医医师和城乡基层中医药专业技术人员的培养和培训。

国家发展中西医结合教育，培养高层次的中西医结合人才。

第三十七条 县级以上地方人民政府中医药主管部门应当组织开展中医药继续教育，加强对医务人员，特别是城乡基层医务人员中医药基本知识和技能的培训。

中医药专业技术人员应当按照规定参加继续教育，所在机构应当为其接受继续教育创造条件。

第五章 中医药科学研究

第三十八条 国家鼓励科研机构、高等学校、医疗机构和药品生产企业等，运用现代科学技术和传统中医药研究方法，开展中医药科学研究，加强中西医结合研究，促进中医药理论和技术方法的继承和创新。

第三十九条 国家采取措施支持对中医药古籍文献、著名中医药专家的学术思想和诊疗经验以及民间中医药技术方法的整理、研究和利用。

国家鼓励组织和个人捐献有科学研究和临床应用价值的中医药文献、秘方、验方、诊疗方法和技术。

第四十条 国家建立和完善符合中医药特点的科学技术创新体系、评价体系和管理体制，推动中医药科学技术进步与创新。

第四十一条　国家采取措施，加强对中医药基础理论和辨证论治方法，常见病、多发病、慢性病和重大疑难疾病、重大传染病的中医药防治，以及其他对中医药理论和实践发展有重大促进作用的项目的科学研究。

第六章　中医药传承与文化传播

第四十二条　对具有重要学术价值的中医药理论和技术方法，省级以上人民政府中医药主管部门应当组织遴选本行政区域内的中医药学术传承项目和传承人，并为传承活动提供必要的条件。传承人应当开展传承活动，培养后继人才，收集整理并妥善保存相关的学术资料。属于非物质文化遗产代表性项目的，依照《中华人民共和国非物质文化遗产法》的有关规定开展传承活动。

第四十三条　国家建立中医药传统知识保护数据库、保护名录和保护制度。

中医药传统知识持有人对其持有的中医药传统知识享有传承使用的权利，对他人获取、利用其持有的中医药传统知识享有知情同意和利益分享等权利。

国家对经依法认定属于国家秘密的传统中药处方组成和生产工艺实行特殊保护。

第四十四条　国家发展中医养生保健服务，支持社会力量举办规范的中医养生保健机构。中医养生保健服务规范、标准由国务院中医药主管部门制定。

第四十五条　县级以上人民政府应当加强中医药文化宣传，普及中医药知识，鼓励组织和个人创作中医药文化和科普作品。

第四十六条　开展中医药文化宣传和知识普及活动，应当遵守国家有关规定。任何组织或者个人不得对中医药作虚假、夸大宣传，不得冒用中医药名义牟取不正当利益。

广播、电视、报刊、互联网等媒体开展中医药知识宣传，应当聘请中医药专业技术人员进行。

第七章　保障措施

第四十七条　县级以上人民政府应当为中医药事业发展提供政策支持和条件保障，将中医药事业发展经费纳入本级财政预算。

县级以上人民政府及其有关部门制定基本医疗保险支付政策、药物政策等医药卫生政策，应当有中医药主管部门参加，注重发挥中医药的优势，支持提供和利用中医药服务。

第四十八条　县级以上人民政府及其有关部门应当按照法定价格管理权限，合理确定中医医疗服务的收费项目和标准，体现中医医疗服务成本和专业技术价值。

第四十九条　县级以上地方人民政府有关部门应当按照国家规定，将符合条件的中医医疗机构纳入基本医疗保险定点医疗机构范围，将符合条件的中医诊疗项目、中药饮片、中成药和医疗机构中药制剂纳入基本医疗保险基金支付范围。

第五十条　国家加强中医药标准体系建设，根据中医药特点对需要统一的技术要求制定标准并及时修订。

中医药国家标准、行业标准由国务院有关部门依据职责制定或者修订，并在其网站上公布，供公众免费查阅。

国家推动建立中医药国际标准体系。

第五十一条　开展法律、行政法规规定的与中医药有关的评审、评估、鉴定活动，应当成立中医药评审、评估、鉴定的专门组织，或者有中医药专家参加。

第五十二条　国家采取措施，加大对少数民族医药传承创新、应用发展和人才培养的扶持力度，加强少数民族医疗机构和医师队伍建设，促进和规范少数民族医药事业发展。

第八章 法律责任

第五十三条 县级以上人民政府中医药主管部门及其他有关部门未履行本法规定的职责的,由本级人民政府或者上级人民政府有关部门责令改正;情节严重的,对直接负责的主管人员和其他直接责任人员,依法给予处分。

第五十四条 违反本法规定,中医诊所超出备案范围开展医疗活动的,由所在地县级人民政府中医药主管部门责令改正,没收违法所得,并处一万元以上三万元以下罚款;情节严重的,责令停止执业活动。

中医诊所被责令停止执业活动的,其直接负责的主管人员自处罚决定作出之日起五年内不得在医疗机构内从事管理工作。医疗机构聘用上述不得从事管理工作的人员从事管理工作的,由原发证部门吊销执业许可证或者由原备案部门责令停止执业活动。

第五十五条 违反本法规定,经考核取得医师资格的中医医师超出注册的执业范围从事医疗活动的,由县级以上人民政府中医药主管部门责令暂停六个月以上一年以下执业活动,并处一万元以上三万元以下罚款;情节严重的,吊销执业证书。

第五十六条 违反本法规定,举办中医诊所、炮制中药饮片、委托配制中药制剂应当备案而未备案,或者备案时提供虚假材料的,由中医药主管部门和药品监督管理部门按照各自职责分工责令改正,没收违法所得,并处三万元以下罚款,向社会公告相关信息;拒不改正的,责令停止执业活动或者责令停止炮制中药饮片、委托配制中药制剂活动,其直接责任人员五年内不得从事中医药相关活动。

医疗机构应用传统工艺配制中药制剂未依照本法规定备案,或者未按照备案材料载明的要求配制中药制剂的,按生产假药给予处罚。

第五十七条 违反本法规定，发布的中医医疗广告内容与经审查批准的内容不相符的，由原审查部门撤销该广告的审查批准文件，一年内不受理该医疗机构的广告审查申请。

违反本法规定，发布中医医疗广告有前款规定以外违法行为的，依照《中华人民共和国广告法》的规定给予处罚。

第五十八条 违反本法规定，在中药材种植过程中使用剧毒、高毒农药的，依照有关法律、法规规定给予处罚；情节严重的，可以由公安机关对其直接负责的主管人员和其他直接责任人员处五日以上十五日以下拘留。

第五十九条 违反本法规定，造成人身、财产损害的，依法承担民事责任；构成犯罪的，依法追究刑事责任。

第九章 附 则

第六十条 中医药的管理，本法未作规定的，适用《中华人民共和国执业医师法》、《中华人民共和国药品管理法》等相关法律、行政法规的规定。

军队的中医药管理，由军队卫生主管部门依照本法和军队有关规定组织实施。

第六十一条 民族自治地方可以根据《中华人民共和国民族区域自治法》和本法的有关规定，结合实际，制定促进和规范本地方少数民族医药事业发展的办法。

第六十二条 盲人按照国家有关规定取得盲人医疗按摩人员资格的，可以以个人开业的方式或者在医疗机构内提供医疗按摩服务。

第六十三条 本法自 2017 年 7 月 1 日起施行。

附 录

中华人民共和国中医药条例

中华人民共和国国务院令

第 374 号

《中华人民共和国中医药条例》已经 2003 年 4 月 2 日国务院第 3 次常务会议通过，现予公布，自 2003 年 10 月 1 日起施行。

总理　温家宝

2003 年 4 月 7 日

第一章　总　则

第一条　为了继承和发展中医药学，保障和促进中医药事业的发展，保护人体健康，制定本条例。

第二条　在中华人民共和国境内从事中医医疗、预防、保健、康复服务和中医药教育、科研、对外交流以及中医药事业管理活动的单位或者个人，应当遵守本条例。

中药的研制、生产、经营、使用和监督管理依照《中华人民共和国药品管理法》执行。

第三条　国家保护、扶持、发展中医药事业，实行中西医并重的方针，鼓励中西医相互学习、相互补充、共同提高，推动中医、西医两种医学体系的有机结合，全面发展我国中医药事业。

第四条 发展中医药事业应当遵循继承与创新相结合的原则，保持和发扬中医药特色和优势，积极利用现代科学技术，促进中医药理论和实践的发展，推进中医药现代化。

第五条 县级以上各级人民政府应当将中医药事业纳入国民经济和社会发展计划，使中医药事业与经济、社会协调发展。

县级以上地方人民政府在制定区域卫生规划时，应当根据本地区社会、经济发展状况和居民医疗需求，统筹安排中医医疗机构的设置和布局，完善城乡中医服务网络。

第六条 国务院中医药管理部门负责全国中医药管理工作。国务院有关部门在各自的职责范围内负责与中医药有关的工作。

县级以上地方人民政府负责中医药管理的部门负责本行政区域内的中医药管理工作。县级以上地方人民政府有关部门在各自的职责范围内负责与中医药有关的工作。

第七条 对在继承和发展中医药事业中做出显著贡献和在边远地区从事中医药工作做出突出成绩的单位和个人，县级以上各级人民政府应当给予奖励。

第二章 中医医疗机构与从业人员

第八条 开办中医医疗机构，应当符合国务院卫生行政部门制定的中医医疗机构设置标准和当地区域卫生规划，并按照《医疗机构管理条例》的规定办理审批手续，取得医疗机构执业许可证后，方可从事中医医疗活动。

第九条 中医医疗机构从事医疗服务活动，应当充分发挥中医药特色和优势，遵循中医药自身发展规律，运用传统理论和方法，结合现代科学技术手段，发挥中医药在防治疾病、保健、康复中的作用，为群众提供价格合理、质量优良的中医药服务。

第十条 依法设立的社区卫生服务中心（站）、乡镇卫生院等城乡基层卫生服务机构，应当能够提供中医医疗服务。

第十一条 中医从业人员，应当依照有关卫生管理的法律、行政法规、部门规章的规定通过资格考试，并经注册取得执业证书后，方可从事中医服务活动。

以师承方式学习中医学的人员以及确有专长的人员，应当按照国务院卫生行政部门的规定，通过执业医师或者执业助理医师资格考核考试，并经注册取得医师执业证书后，方可从事中医医疗活动。

第十二条 中医从业人员应当遵守相应的中医诊断治疗原则、医疗技术标准和技术操作规范。

全科医师和乡村医生应当具备中医药基本知识以及运用中医诊疗知识、技术，处理常见病和多发病的基本技能。

第十三条 发布中医医疗广告，医疗机构应当按照规定向所在地省、自治区、直辖市人民政府负责中医药管理的部门申请并报送有关材料。省、自治区、直辖市人民政府负责中医药管理的部门应当自收到有关材料之日起 10 个工作日内进行审查，并作出是否核发中医医疗广告批准文号的决定。对符合规定要求的，发给中医医疗广告批准文号。未取得中医医疗广告批准文号的，不得发布中医医疗广告。

发布的中医医疗广告，其内容应当与审查批准发布的内容一致。

第三章 中医药教育与科研

第十四条 国家采取措施发展中医药教育事业。

各类中医药教育机构应当加强中医药基础理论教学，重视中医药基础理论与中医药临床实践相结合，推进素质教育。

第十五条 设立各类中医药教育机构，应当符合国家规定的设置标准，并建立符合国家规定标准的临床教学基地。中医药教育机构的设置标准，由国务院卫生行政部门会同国务院教育行政部门制定；中医药教育机构临床教学基地标准，由国务院卫生行政部门制定。

第十六条 国家鼓励开展中医药专家学术经验和技术专长继承工作，培养高层次的中医临床人才和中药技术人才。

第十七条 承担中医药专家学术经验和技术专长继承工作的指导老师应当具备下列条件：

（一）具有较高学术水平和丰富的实践经验、技术专长和良好的职业品德；

（二）从事中医药专业工作 30 年以上并担任高级专业技术职务 10 年以上。

第十八条 中医药专家学术经验和技术专长继承工作的继承人应当具备下列条件：

（一）具有大学本科以上学历和良好的职业品德；

（二）受聘于医疗卫生机构或者医学教育、科研机构从事中医药工作，并担任中级以上专业技术职务。

第十九条 中医药专家学术经验和技术专长继承工作的指导老师以及继承人的管理办法，由国务院中医药管理部门会同有关部门制定。

第二十条 省、自治区、直辖市人民政府负责中医药管理的部门应当依据国家有关规定，完善本地区中医药人员继续教育制度，制定中医药人员培训规划。

县级以上地方人民政府负责中医药管理的部门应当按照中医药人员培训规划的要求，对城乡基层卫生服务人员进行中医药基本知识和基本技能的培训。

医疗机构应当为中医药技术人员接受继续教育创造条件。

第二十一条 国家发展中医药科学技术，将其纳入科学技术发展规划，加强重点中医药科研机构建设。

县级以上地方人民政府应当充分利用中医药资源，重视中医药科学研究和技术开发，采取措施开发、推广、应用中医药技术成果，促进中医药科学技术发展。

第二十二条 中医药科学研究应当注重运用传统方法和现代方法开展中医药基础理论研究和临床研究，运用中医药理论和现代科学技术开展对常见病、多发病和疑难病的防治研究。

中医药科研机构、高等院校、医疗机构应当加强中医药科研的协作攻关和中医药科技成果的推广应用，培养中医药学科带头人和中青年技术骨干。

第二十三条 捐献对中医药科学技术发展有重大意义的中医诊疗方法和中医药文献、秘方、验方的，参照《国家科学技术奖励条例》的规定给予奖励。

第二十四条 国家支持中医药的对外交流与合作，推进中医药的国际传播。

重大中医药科研成果的推广、转让、对外交流，中外合作研究中医药技术，应当经省级以上人民政府负责中医药管理的部门批准，防止重大中医药资源流失。

属于国家科学技术秘密的中医药科研成果，确需转让、对外交流的，应当符合有关保守国家秘密的法律、行政法规和部门规章的规定。

第四章　保障措施

第二十五条 县级以上地方人民政府应当根据中医药事业发展的需要以及本地区国民经济和社会发展状况，逐步增加对中医药事业的投入，扶持中医药事业的发展。

任何单位和个人不得将中医药事业经费挪作他用。国家鼓励境内外组织和个人通过捐资、投资等方式扶持中医药事业发展。

第二十六条 非营利性中医医疗机构，依照国家有关规定享受财政补贴、税收减免等优惠政策。

第二十七条　县级以上地方人民政府劳动保障行政部门确定的城镇职工基本医疗保险定点医疗机构，应当包括符合条件的中医医疗机构。

获得定点资格的中医医疗机构，应当按照规定向参保人员提供基本医疗服务。

第二十八条　县级以上各级人民政府应当采取措施加强对中医药文献的收集、整理、研究和保护工作。

有关单位和中医医疗机构应当加强重要中医药文献资料的管理、保护和利用。

第二十九条　国家保护野生中药材资源，扶持濒危动植物中药材人工代用品的研究和开发利用。

县级以上地方人民政府应当加强中药材的合理开发和利用，鼓励建立中药材种植、培育基地，促进短缺中药材的开发、生产。

第三十条　与中医药有关的评审或者鉴定活动，应当体现中医药特色，遵循中医药自身的发展规律。

中医药专业技术职务任职资格的评审，中医医疗、教育、科研机构的评审、评估，中医药科研课题的立项和成果鉴定，应当成立专门的中医药评审、鉴定组织或者由中医药专家参加评审、鉴定。

第五章　法律责任

第三十一条　负责中医药管理的部门的工作人员在中医药管理工作中违反本条例的规定，利用职务上的便利收受他人财物或者获取其他利益，滥用职权，玩忽职守，或者发现违法行为不予查处，造成严重后果，构成犯罪的，依法追究刑事责任；尚不够刑事处罚的，依法给予降级或者撤职的行政处分。

第三十二条　中医医疗机构违反本条例的规定，有下列情形之一的，由县级以上地方人民政府负责中医药管理的部门责令限期改正；逾期不改正的，责令停业整顿，直至由原审批机关吊销其医疗机构执业许可证、取消其城镇职工基本医疗保险定点医疗机构资格，并对负有责任的主管人员和其他直接责任人员依法给予纪律处分：

（一）不符合中医医疗机构设置标准的；

（二）获得城镇职工基本医疗保险定点医疗机构资格，未按照规定向参保人员提供基本医疗服务的。

第三十三条 未经批准擅自开办中医医疗机构或者未按照规定通过执业医师或者执业助理医师资格考试取得执业许可，从事中医医疗活动的，依照《中华人民共和国执业医师法》和《医疗机构管理条例》的有关规定给予处罚。

第三十四条 中医药教育机构违反本条例的规定，有下列情形之一的，由县级以上地方人民政府负责中医药管理的部门责令限期改正；逾期不改正的，由原审批机关予以撤销：

（一）不符合规定的设置标准的；

（二）没有建立符合规定标准的临床教学基地的。

第三十五条 违反本条例规定，造成重大中医药资源流失和国家科学技术秘密泄露，情节严重，构成犯罪的，依法追究刑事责任；尚不够刑事处罚的，由县级以上地方人民政府负责中医药管理的部门责令改正，对负有责任的主管人员和其他直接责任人员依法给予纪律处分。

第三十六条 违反本条例规定，损毁或者破坏中医药文献的，由县级以上地方人民政府负责中医药管理的部门责令改正，对负有责任的主管人员和其他直接责任人员依法给予纪律处分；损毁或者破坏属于国家保护文物的中医药文献，情节严重，构成犯罪的，依法追究刑事责任。

第三十七条 篡改经批准的中医医疗广告内容的，由原审批部门撤销广告批准文号，1 年内不受理该中医医疗机构的广告审批申请。

负责中医药管理的部门撤销中医医疗广告批准文号后，应当自作出行政处理决定之日起 5 个工作日内通知广告监督管理机关。广告监督管理机关应当自收到负责中医药管理的部门通知之日起 15 个工作日内，依照《中华人民共和国广告法》的有关规定查处。

第六章　附　则

第三十八条　本条例所称中医医疗机构，是指依法取得医疗机构执业许可证的中医、中西医结合的医院、门诊部和诊所。

民族医药的管理参照本条例执行。

第三十九条　本条例自 2003 年 10 月 1 日起施行。

放射性药品管理办法

(1989 年 1 月 13 日中华人民共和国国务院令第 25 号
发布；根据 2011 年 1 月 8 日《国务院关于废止和修改部
分行政法规的决定》第一次修订；根据 2017 年 3 月 1 日
《国务院关于修改和废止部分行政法规的决定》第二次
修订)

第一章　总　则

第一条　为了加强放射性药品的管理，根据《中华人民共
和国药品管理法》（以下称《药品管理法》）的规定，制定本
办法。

第二条　放射性药品是指用于临床诊断或者治疗的放射性核素
制剂或者其标记药物。

第三条　凡在中华人民共和国领域内进行放射性药品的研究、
生产、经营、运输、使用、检验、监督管理的单位和个人都必须遵
守本办法。

第四条　国务院药品监督管理部门负责全国放射性药品监督管
理工作。国务院国防科技工业主管部门依据职责负责与放射性药品

有关的管理工作。国务院环境保护主管部门负责与放射性药品有关的辐射安全与防护的监督管理工作。

第二章 放射性新药的研制、
临床研究和审批

第五条 放射性新药的研制内容，包括工艺路线、质量标准、临床前药理及临床研究。研制单位在制订新药工艺路线的同时，必须研究该药的理化性能、纯度（包括核素纯度）及检验方法、药理、毒理、动物药代动力学、放射性比活度、剂量、剂型、稳定性等。

研制单位对放射免疫分析药盒必须进行可测限度、范围、特异性、准确度、精密度、稳定性等方法学的研究。

放射性新药的分类，按国务院药品监督管理部门有关药品注册的规定办理。

第六条 研制单位研制的放射性新药，在进行临床试验或者验证前，应当向国务院药品监督管理部门提出申请，按规定报送资料及样品，经国务院药品监督管理部门审批同意后，在国务院药品监督管理部门指定的药物临床试验机构进行临床研究。

第七条 研制单位在放射性新药临床研究结束后，向国务院药品监督管理部门提出申请，经国务院药品监督管理部门审核批准，发给新药证书。国务院药品监督管理部门在审核批准时，应当征求国务院国防科技工业主管部门的意见。

第八条 放射性新药投入生产，需由生产单位或者取得放射性药品生产许可证的研制单位，凭新药证书（副本）向国务院药品监督管理部门提出生产该药的申请，并提供样品，由国务院药品监督管理部门审核发给批准文号。

第三章 放射性药品的生产、经营和进出口

第九条 国家根据需要，对放射性药品的生产企业实行合理布局。

第十条 开办放射性药品生产、经营企业，必须具备《药品管理法》规定的条件，符合国家有关放射性同位素安全和防护的规定与标准，并履行环境影响评价文件的审批手续；开办放射性药品生产企业，经国务院国防科技工业主管部门审查同意，国务院药品监督管理部门审核批准后，由所在省、自治区、直辖市药品监督管理部门发给《放射性药品生产企业许可证》；开办放射性药品经营企业，经国务院药品监督管理部门审核并征求国务院国防科技工业主管部门意见后批准的，由所在省、自治区、直辖市药品监督管理部门发给《放射性药品经营企业许可证》。无许可证的生产、经营企业，一律不准生产、销售放射性药品。

第十一条 《放射性药品生产企业许可证》、《放射性药品经营企业许可证》的有效期为5年，期满前6个月，放射性药品生产、经营企业应当分别向原发证的药品监督管理部门重新提出申请，按第十条审批程序批准后，换发新证。

第十二条 放射性药品生产企业生产已有国家标准的放射性药品，必须经国务院药品监督管理部门征求国务院国防科技工业主管部门意见后审核批准，并发给批准文号。凡是改变国务院药品监督管理部门已批准的生产工艺路线和药品标准的，生产单位必须按原报批程序提出补充申请，经国务院药品监督管理部门批准后方能生产。

第十三条 放射性药品生产、经营企业，必须配备与生产、经

营放射性药品相适应的专业技术人员，具有安全、防护和废气、废物、废水处理等设施，并建立严格的质量管理制度。

第十四条 放射性药品生产、经营企业，必须建立质量检验机构，严格实行生产全过程的质量控制和检验。产品出厂前，须经质量检验。符合国家药品标准的产品方可出厂，不符合标准的产品一律不准出厂。

经国务院药品监督管理部门审核批准的含有短半衰期放射性核素的药品，可以边检验边出厂，但发现质量不符合国家药品标准时，该药品的生产企业应当立即停止生产、销售，并立即通知使用单位停止使用，同时报告国务院药品监督管理、卫生行政、国防科技工业主管部门。

第十五条 放射性药品的生产、经营单位和医疗单位凭省、自治区、直辖市药品监督管理部门发给的《放射性药品生产企业许可证》、《放射性药品经营企业许可证》，医疗单位凭省、自治区、直辖市药品监督管理部门发给的《放射性药品使用许可证》，开展放射性药品的购销活动。

第十六条 进口的放射性药品品种，必须符合我国的药品标准或者其他药用要求，并依照《药品管理法》的规定取得进口药品注册证书。

进出口放射性药品，应当按照国家有关对外贸易、放射性同位素安全和防护的规定，办理进出口手续。

第十七条 进口放射性药品，必须经国务院药品监督管理部门指定的药品检验机构抽样检验；检验合格的，方准进口。

对于经国务院药品监督管理部门审核批准的含有短半衰期放射性核素的药品，在保证安全使用的情况下，可以采取边进口检验，边投入使用的办法。进口检验单位发现药品质量不符合要求时，应当立即通知使用单位停止使用，并报告国务院药品监督管理、卫生行政、国防科技工业主管部门。

第四章　放射性药品的包装和运输

第十八条　放射性药品的包装必须安全实用，符合放射性药品质量要求，具有与放射性剂量相适应的防护装置。包装必须分内包装和外包装两部分，外包装必须贴有商标、标签、说明书和放射性药品标志，内包装必须贴有标签。

标签必须注明药品品名、放射性比活度、装量。

说明书除注明前款内容外，还须注明生产单位、批准文号、批号、主要成份、出厂日期、放射性核素半衰期、适应症、用法、用量、禁忌症、有效期和注意事项等。

第十九条　放射性药品的运输，按国家运输、邮政等部门制订的有关规定执行。

严禁任何单位和个人随身携带放射性药品乘坐公共交通运输工具。

第五章　放射性药品的使用

第二十条　医疗单位设置核医学科、室（同位素室），必须配备与其医疗任务相适应的并经核医学技术培训的技术人员。非核医学专业技术人员未经培训，不得从事放射性药品使用工作。

第二十一条　医疗单位使用放射性药品，必须符合国家有关放射性同位素安全和防护的规定。所在地的省、自治区、直辖市药品监督管理部门，应当根据医疗单位核医疗技术人员的水平、设备条件，核发相应等级的《放射性药品使用许可证》，无许可证的医疗单位不得临床使用放射性药品。

《放射性药品使用许可证》有效期为 5 年，期满前 6 个月，医疗单位应当向原发证的行政部门重新提出申请，经审核批准后，换发新证。

第二十二条　医疗单位配制、使用放射性制剂，应当符合《药品管理法》及其实施条例的相关规定。

第二十三条　持有《放射性药品使用许可证》的医疗单位，必须负责对使用的放射性药品进行临床质量检验，收集药品不良反应等项工作，并定期向所在地药品监督管理、卫生行政部门报告。由省、自治区、直辖市药品监督管理、卫生行政部门汇总后分别报国务院药品监督管理、卫生行政部门。

第二十四条　放射性药品使用后的废物（包括患者排出物），必须按国家有关规定妥善处置。

第六章　放射性药品标准和检验

第二十五条　放射性药品的国家标准，由国务院药品监督管理部门药典委员会负责制定和修订，报国务院药品监督管理部门审批颁发。

第二十六条　放射性药品的检验由国务院药品监督管理部门公布的药品检验机构承担。

第七章　附　则

第二十七条　对违反本办法规定的单位或者个人，由县以上药品监督管理、卫生行政部门，按照《药品管理法》和有关法规的规定处罚。

第二十八条　本办法自发布之日起施行。

处方管理办法

中华人民共和国卫生部令

第53号

《处方管理办法》已于2006年11月27日经卫生部部务会议讨论通过，现予发布，自2007年5月1日起施行。

卫生部部长

二〇〇六年二月十四日

第一章 总 则

第一条 为规范处方管理，提高处方质量，促进合理用药，保障医疗安全，根据《执业医师法》、《药品管理法》、《医疗机构管理条例》、《麻醉药品和精神药品管理条例》等有关法律、法规，制定本办法。

第二条 本办法所称处方，是指由注册的执业医师和执业助理医师（以下简称医师）在诊疗活动中为患者开具的、由取得药学专业技术职务任职资格的药学专业技术人员（以下简称药师）审核、调配、核对，并作为患者用药凭证的医疗文书。处方包括医疗机构病区用药医嘱单。

本办法适用于与处方开具、调剂、保管相关的医疗机构及其人员。

第三条 卫生部负责全国处方开具、调剂、保管相关工作的监督管理。

县级以上地方卫生行政部门负责本行政区域内处方开具、调剂、保管相关工作的监督管理。

第四条 医师开具处方和药师调剂处方应当遵循安全、有效、经济的原则。

处方药应当凭医师处方销售、调剂和使用。

第二章 处方管理的一般规定

第五条 处方标准由卫生部统一规定，处方格式由省、自治区、直辖市卫生行政部门（以下简称省级卫生行政部门）统一制定，处方由医疗机构按照规定的标准和格式印制。

第六条 处方书写应当符合下列规则：

（一）患者一般情况、临床诊断填写清晰、完整，并与病历记载相一致。

（二）每张处方限于一名患者的用药。

（三）字迹清楚，不得涂改；如需修改，应当在修改处签名并注明修改日期。

（四）药品名称应当使用规范的中文名称书写，没有中文名称的可以使用规范的英文名称书写；医疗机构或者医师、药师不得自行编制药品缩写名称或者使用代号；书写药品名称、剂量、规格、用法、用量要准确规范，药品用法可用规范的中文、英文、拉丁文或者缩写体书写，但不得使用"遵医嘱"、"自用"等含糊不清字句。

（五）患者年龄应当填写实足年龄，新生儿、婴幼儿写日、月龄，必要时要注明体重。

（六）西药和中成药可以分别开具处方，也可以开具一张处方，中药饮片应当单独开具处方。

（七）开具西药、中成药处方，每一种药品应当另起一行，每张处方不得超过5种药品。

（八）中药饮片处方的书写，一般应当按照"君、臣、佐、使"的顺序排列；调剂、煎煮的特殊要求注明在药品右上方，并加括号，如布包、先煎、后下等；对饮片的产地、炮制有特殊要求的，应当在药品名称之前写明。

（九）药品用法用量应当按照药品说明书规定的常规用法用量使用，特殊情况需要超剂量使用时，应当注明原因并再次签名。

（十）除特殊情况外，应当注明临床诊断。

（十一）开具处方后的空白处划一斜线以示处方完毕。

（十二）处方医师的签名式样和专用签章应当与院内药学部门留样备查的式样相一致，不得任意改动，否则应当重新登记留样备案。

第七条　药品剂量与数量用阿拉伯数字书写。剂量应当使用法定剂量单位：重量以克（g）、毫克（mg）、微克（μg）、纳克（ng）为单位；容量以升（L）、毫升（ml）为单位；国际单位（IU）、单位（U）；中药饮片以克（g）为单位。

片剂、丸剂、胶囊剂、颗粒剂分别以片、丸、粒、袋为单位；溶液剂以支、瓶为单位；软膏及乳膏剂以支、盒为单位；注射剂以支、瓶为单位，应当注明含量；中药饮片以剂为单位。

第三章　处方权的获得

第八条　经注册的执业医师在执业地点取得相应的处方权。

经注册的执业助理医师在医疗机构开具的处方，应当经所在执业地点执业医师签名或加盖专用签章后方有效。

第九条　经注册的执业助理医师在乡、民族乡、镇、村的医疗机构独立从事一般的执业活动，可以在注册的执业地点取得相应的处方权。

第十条 医师应当在注册的医疗机构签名留样或者专用签章备案后，方可开具处方。

第十一条 医疗机构应当按照有关规定，对本机构执业医师和药师进行麻醉药品和精神药品使用知识和规范化管理的培训。执业医师经考核合格后取得麻醉药品和第一类精神药品的处方权，药师经考核合格后取得麻醉药品和第一类精神药品调剂资格。

医师取得麻醉药品和第一类精神药品处方权后，方可在本机构开具麻醉药品和第一类精神药品处方，但不得为自己开具该类药品处方。药师取得麻醉药品和第一类精神药品调剂资格后，方可在本机构调剂麻醉药品和第一类精神药品。

第十二条 试用期人员开具处方，应当经所在医疗机构有处方权的执业医师审核、并签名或加盖专用签章后方有效。

第十三条 进修医师由接收进修的医疗机构对其胜任本专业工作的实际情况进行认定后授予相应的处方权。

第四章　处方的开具

第十四条 医师应当根据医疗、预防、保健需要，按照诊疗规范、药品说明书中的药品适应证、药理作用、用法、用量、禁忌、不良反应和注意事项等开具处方。

开具医疗用毒性药品、放射性药品的处方应当严格遵守有关法律、法规和规章的规定。

第十五条 医疗机构应当根据本机构性质、功能、任务，制定药品处方集。

第十六条 医疗机构应当按照经药品监督管理部门批准并公布的药品通用名称购进药品。同一通用名称药品的品种，注射剂型和口服剂型各不得超过 2 种，处方组成类同的复方制剂 1—2 种。因特殊诊疗需要使用其他剂型和剂量规格药品的情况除外。

第十七条 医师开具处方应当使用经药品监督管理部门批准并公布的药品通用名称、新活性化合物的专利药品名称和复方制剂药品名称。

医师开具院内制剂处方时应当使用经省级卫生行政部门审核、药品监督管理部门批准的名称。

医师可以使用由卫生部公布的药品习惯名称开具处方。

第十八条 处方开具当日有效。特殊情况下需延长有效期的，由开具处方的医师注明有效期限，但有效期最长不得超过 3 天。

第十九条 处方一般不得超过 7 日用量；急诊处方一般不得超过 3 日用量；对于某些慢性病、老年病或特殊情况，处方用量可适当延长，但医师应当注明理由。

医疗用毒性药品、放射性药品的处方用量应当严格按照国家有关规定执行。

第二十条 医师应当按照卫生部制定的麻醉药品和精神药品临床应用指导原则，开具麻醉药品、第一类精神药品处方。

第二十一条 门（急）诊癌症疼痛患者和中、重度慢性疼痛患者需长期使用麻醉药品和第一类精神药品的，首诊医师应当亲自诊查患者，建立相应的病历，要求其签署《知情同意书》。

病历中应当留存下列材料复印件：

（一）二级以上医院开具的诊断证明；

（二）患者户籍簿、身份证或者其他相关有效身份证明文件；

（三）为患者代办人员身份证明文件。

第二十二条 除需长期使用麻醉药品和第一类精神药品的门（急）诊癌症疼痛患者和中、重度慢性疼痛患者外，麻醉药品注射剂仅限于医疗机构内使用。

第二十三条 为门（急）诊患者开具的麻醉药品注射剂，每张处方为一次常用量；控缓释制剂，每张处方不得超过 7 日常用量；其他剂型，每张处方不得超过 3 日常用量。

第一类精神药品注射剂，每张处方为一次常用量；控缓释制剂，每张处方不得超过 7 日常用量；其他剂型，每张处方不得超过 3 日常用量。哌醋甲酯用于治疗儿童多动症时，每张处方不得超过 15 日常用量。

第二类精神药品一般每张处方不得超过 7 日常用量；对于慢性病或某些特殊情况的患者，处方用量可以适当延长，医师应当注明理由。

第二十四条 为门（急）诊癌症疼痛患者和中、重度慢性疼痛患者开具的麻醉药品、第一类精神药品注射剂，每张处方不得超过 3 日常用量；控缓释制剂，每张处方不得超过 15 日常用量；其他剂型，每张处方不得超过 7 日常用量。

第二十五条 为住院患者开具的麻醉药品和第一类精神药品处方应当逐日开具，每张处方为 1 日常用量。

第二十六条 对于需要特别加强管制的麻醉药品，盐酸二氢埃托啡处方为一次常用量，仅限于二级以上医院内使用；盐酸哌替啶处方为一次常用量，仅限于医疗机构内使用。

第二十七条 医疗机构应当要求长期使用麻醉药品和第一类精神药品的门（急）诊癌症患者和中、重度慢性疼痛患者，每 3 个月复诊或者随诊一次。

第二十八条 医师利用计算机开具、传递普通处方时，应当同时打印出纸质处方，其格式与手写处方一致；打印的纸质处方经签名或者加盖签章后有效。药师核发药品时，应当核对打印的纸质处方，无误后发给药品，并将打印的纸质处方与计算机传递处方同时收存备查。

第五章 处方的调剂

第二十九条 取得药学专业技术职务任职资格的人员方可从事

处方调剂工作。

第三十条 药师在执业的医疗机构取得处方调剂资格。药师签名或者专用签章式样应当在本机构留样备查。

第三十一条 具有药师以上专业技术职务任职资格的人员负责处方审核、评估、核对、发药以及安全用药指导；药士从事处方调配工作。

第三十二条 药师应当凭医师处方调剂处方药品，非经医师处方不得调剂。

第三十三条 药师应当按照操作规程调剂处方药品：认真审核处方，准确调配药品，正确书写药袋或粘贴标签，注明患者姓名和药品名称、用法、用量，包装；向患者交付药品时，按照药品说明书或者处方用法，进行用药交待与指导，包括每种药品的用法、用量、注意事项等。

第三十四条 药师应当认真逐项检查处方前记、正文和后记书写是否清晰、完整，并确认处方的合法性。

第三十五条 药师应当对处方用药适宜性进行审核，审核内容包括：

（一）规定必须做皮试的药品，处方医师是否注明过敏试验及结果的判定；

（二）处方用药与临床诊断的相符性；

（三）剂量、用法的正确性；

（四）选用剂型与给药途径的合理性；

（五）是否有重复给药现象；

（六）是否有潜在临床意义的药物相互作用和配伍禁忌；

（七）其它用药不适宜情况。

第三十六条 药师经处方审核后，认为存在用药不适宜时，应当告知处方医师，请其确认或者重新开具处方。

药师发现严重不合理用药或者用药错误，应当拒绝调剂，及时告知处方医师，并应当记录，按照有关规定报告。

第三十七条 药师调剂处方时必须做到"四查十对"：查处方，对科别、姓名、年龄；查药品，对药名、剂型、规格、数量；查配伍禁忌，对药品性状、用法用量；查用药合理性，对临床诊断。

第三十八条 药师在完成处方调剂后，应当在处方上签名或者加盖专用签章。

第三十九条 药师应当对麻醉药品和第一类精神药品处方，按年月日逐日编制顺序号。

第四十条 药师对于不规范处方或者不能判定其合法性的处方，不得调剂。

第四十一条 医疗机构应当将本机构基本用药供应目录内同类药品相关信息告知患者。

第四十二条 除麻醉药品、精神药品、医疗用毒性药品和儿科处方外，医疗机构不得限制门诊就诊人员持处方到药品零售企业购药。

第六章　监督管理

第四十三条 医疗机构应当加强对本机构处方开具、调剂和保管的管理。

第四十四条 医疗机构应当建立处方点评制度，填写处方评价表，对处方实施动态监测及超常预警，登记并通报不合理处方，对不合理用药及时予以干预。

第四十五条 医疗机构应当对出现超常处方3次以上且无正当理由的医师提出警告，限制其处方权；限制处方权后，仍连续2次以上出现超常处方且无正当理由的，取消其处方权。

第四十六条 医师出现下列情形之一的，处方权由其所在医疗机构予以取消：

（一）被责令暂停执业；

（二）考核不合格离岗培训期间；

（三）被注销、吊销执业证书；

（四）不按照规定开具处方，造成严重后果的；

（五）不按照规定使用药品，造成严重后果的；

（六）因开具处方牟取私利。

第四十七条 未取得处方权的人员及被取消处方权的医师不得开具处方。未取得麻醉药品和第一类精神药品处方资格的医师不得开具麻醉药品和第一类精神药品处方。

第四十八条 除治疗需要外，医师不得开具麻醉药品、精神药品、医疗用毒性药品和放射性药品处方。

第四十九条 未取得药学专业技术职务任职资格的人员不得从事处方调剂工作。

第五十条 处方由调剂处方药品的医疗机构妥善保存。普通处方、急诊处方、儿科处方保存期限为 1 年，医疗用毒性药品、第二类精神药品处方保存期限为 2 年，麻醉药品和第一类精神药品处方保存期限为 3 年。

处方保存期满后，经医疗机构主要负责人批准、登记备案，方可销毁。

第五十一条 医疗机构应当根据麻醉药品和精神药品处方开具情况，按照麻醉药品和精神药品品种、规格对其消耗量进行专册登记，登记内容包括发药日期、患者姓名、用药数量。专册保存期限为 3 年。

第五十二条 县级以上地方卫生行政部门应当定期对本行政区域内医疗机构处方管理情况进行监督检查。

县级以上卫生行政部门在对医疗机构实施监督管理过程中，发现医师出现本办法第四十六条规定情形的，应当责令医疗机构取消医师处方权。

第五十三条 卫生行政部门的工作人员依法对医疗机构处方管

理情况进行监督检查时，应当出示证件；被检查的医疗机构应当予以配合，如实反映情况，提供必要的资料，不得拒绝、阻碍、隐瞒。

第七章　法律责任

第五十四条　医疗机构有下列情形之一的，由县级以上卫生行政部门按照《医疗机构管理条例》第四十八条的规定，责令限期改正，并可处以 5000 元以下的罚款；情节严重的，吊销其《医疗机构执业许可证》：

（一）使用未取得处方权的人员、被取消处方权的医师开具处方的；

（二）使用未取得麻醉药品和第一类精神药品处方资格的医师开具麻醉药品和第一类精神药品处方的；

（三）使用未取得药学专业技术职务任职资格的人员从事处方调剂工作的。

第五十五条　医疗机构未按照规定保管麻醉药品和精神药品处方，或者未依照规定进行专册登记的，按照《麻醉药品和精神药品管理条例》第七十二条的规定，由设区的市级卫生行政部门责令限期改正，给予警告；逾期不改正的，处 5000 元以上 1 万元以下的罚款；情节严重的，吊销其印鉴卡；对直接负责的主管人员和其他直接责任人员，依法给予降级、撤职、开除的处分。

第五十六条　医师和药师出现下列情形之一的，由县级以上卫生行政部门按照《麻醉药品和精神药品管理条例》第七十三条的规定予以处罚：

（一）未取得麻醉药品和第一类精神药品处方资格的医师擅自开具麻醉药品和第一类精神药品处方的；

（二）具有麻醉药品和第一类精神药品处方医师未按照规定开具麻醉药品和第一类精神药品处方，或者未按照卫生部制定的麻醉药品和精神药品临床应用指导原则使用麻醉药品和第一类精神药品的；

（三）药师未按照规定调剂麻醉药品、精神药品处方的。

第五十七条 医师出现下列情形之一的，按照《执业医师法》第三十七条的规定，由县级以上卫生行政部门给予警告或者责令暂停六个月以上一年以下执业活动；情节严重的，吊销其执业证书。

（一）未取得处方权或者被取消处方权后开具药品处方的；

（二）未按照本办法规定开具药品处方的；

（三）违反本办法其他规定的。

第五十八条 药师未按照规定调剂处方药品，情节严重的，由县级以上卫生行政部门责令改正、通报批评，给予警告；并由所在医疗机构或者其上级单位给予纪律处分。

第五十九条 县级以上地方卫生行政部门未按照本办法规定履行监管职责的，由上级卫生行政部门责令改正。

第八章　附　则

第六十条 乡村医生按照《乡村医生从业管理条例》的规定，在省级卫生行政部门制定的乡村医生基本用药目录范围内开具药品处方。

第六十一条 本办法所称药学专业技术人员，是指按照卫生部《卫生技术人员职务试行条例》规定，取得药学专业技术职务任职资格人员，包括主任药师、副主任药师、主管药师、药师、药士。

第六十二条 本办法所称医疗机构，是指按照《医疗机构管理条例》批准登记的从事疾病诊断、治疗活动的医院、社区卫生服务中心（站）、妇幼保健院、卫生院、疗养院、门诊部、诊所、卫生室（所）、急救中心（站）、专科疾病防治院（所、站）以及护理院（站）等医疗机构。

第六十三条 本办法自 2007 年 5 月 1 日起施行。

药品不良反应报告和监测管理办法

中华人民共和国卫生部令

第 81 号

《药品不良反应报告和监测管理办法》已于 2010 年 12 月 13 日经卫生部部务会议审议通过，现予以发布，自 2011 年 7 月 1 日起施行。

卫生部部长

二〇一一年五月四日

第一章 总 则

第一条 为加强药品的上市后监管，规范药品不良反应报告和监测，及时、有效控制药品风险，保障公众用药安全，依据《中华人民共和国药品管理法》等有关法律法规，制定本办法。

第二条 在中华人民共和国境内开展药品不良反应报告、监测以及监督管理，适用本办法。

第三条 国家实行药品不良反应报告制度。药品生产企业（包括进口药品的境外制药厂商）、药品经营企业、医疗机构应当按照规定报告所发现的药品不良反应。

第四条 国家食品药品监督管理局主管全国药品不良反应报告和监测工作，地方各级药品监督管理部门主管本行政区域内的药品不良反应报告和监测工作。各级卫生行政部门负责本行政区域内医疗机构与实施药品不良反应报告制度有关的管理工作。

地方各级药品监督管理部门应当建立健全药品不良反应监测机构，负责本行政区域内药品不良反应报告和监测的技术工作。

第五条 国家鼓励公民、法人和其他组织报告药品不良反应。

第二章 职 责

第六条 国家食品药品监督管理局负责全国药品不良反应报告和监测的管理工作，并履行以下主要职责：

（一）与卫生部共同制定药品不良反应报告和监测的管理规定和政策，并监督实施；

（二）与卫生部联合组织开展全国范围内影响较大并造成严重后果的药品群体不良事件的调查和处理，并发布相关信息；

（三）对已确认发生严重药品不良反应或者药品群体不良事件的药品依法采取紧急控制措施，作出行政处理决定，并向社会公布；

（四）通报全国药品不良反应报告和监测情况；

（五）组织检查药品生产、经营企业的药品不良反应报告和监测工作的开展情况，并与卫生部联合组织检查医疗机构的药品不良反应报告和监测工作的开展情况。

第七条 省、自治区、直辖市药品监督管理部门负责本行政区域内药品不良反应报告和监测的管理工作，并履行以下主要职责：

（一）根据本办法与同级卫生行政部门共同制定本行政区域内药品不良反应报告和监测的管理规定，并监督实施；

（二）与同级卫生行政部门联合组织开展本行政区域内发生的影响较大的药品群体不良事件的调查和处理，并发布相关信息；

（三）对已确认发生严重药品不良反应或者药品群体不良事件的药品依法采取紧急控制措施，作出行政处理决定，并向社会公布；

（四）通报本行政区域内药品不良反应报告和监测情况；

（五）组织检查本行政区域内药品生产、经营企业的药品不良反应报告和监测工作的开展情况，并与同级卫生行政部门联合组织检查本行政区域内医疗机构的药品不良反应报告和监测工作的开展情况；

（六）组织开展本行政区域内药品不良反应报告和监测的宣传、培训工作。

第八条　设区的市级、县级药品监督管理部门负责本行政区域内药品不良反应报告和监测的管理工作；与同级卫生行政部门联合组织开展本行政区域内发生的药品群体不良事件的调查，并采取必要控制措施；组织开展本行政区域内药品不良反应报告和监测的宣传、培训工作。

第九条　县级以上卫生行政部门应当加强对医疗机构临床用药的监督管理，在职责范围内依法对已确认的严重药品不良反应或者药品群体不良事件采取相关的紧急控制措施。

第十条　国家药品不良反应监测中心负责全国药品不良反应报告和监测的技术工作，并履行以下主要职责：

（一）承担国家药品不良反应报告和监测资料的收集、评价、反馈和上报，以及全国药品不良反应监测信息网络的建设和维护；

（二）制定药品不良反应报告和监测的技术标准和规范，对地方各级药品不良反应监测机构进行技术指导；

（三）组织开展严重药品不良反应的调查和评价，协助有关部门开展药品群体不良事件的调查；

（四）发布药品不良反应警示信息；

（五）承担药品不良反应报告和监测的宣传、培训、研究和国际交流工作。

第十一条 省级药品不良反应监测机构负责本行政区域内的药品不良反应报告和监测的技术工作，并履行以下主要职责：

（一）承担本行政区域内药品不良反应报告和监测资料的收集、评价、反馈和上报，以及药品不良反应监测信息网络的维护和管理；

（二）对设区的市级、县级药品不良反应监测机构进行技术指导；

（三）组织开展本行政区域内严重药品不良反应的调查和评价，协助有关部门开展药品群体不良事件的调查；

（四）组织开展本行政区域内药品不良反应报告和监测的宣传、培训工作。

第十二条 设区的市级、县级药品不良反应监测机构负责本行政区域内药品不良反应报告和监测资料的收集、核实、评价、反馈和上报；开展本行政区域内严重药品不良反应的调查和评价；协助有关部门开展药品群体不良事件的调查；承担药品不良反应报告和监测的宣传、培训等工作。

第十三条 药品生产、经营企业和医疗机构应当建立药品不良反应报告和监测管理制度。药品生产企业应当设立专门机构并配备专职人员，药品经营企业和医疗机构应当设立或者指定机构并配备专（兼）职人员，承担本单位的药品不良反应报告和监测工作。

第十四条 从事药品不良反应报告和监测的工作人员应当具有医学、药学、流行病学或者统计学等相关专业知识，具备科学分析评价药品不良反应的能力。

第三章　报告与处置

第一节　基本要求

第十五条　药品生产、经营企业和医疗机构获知或者发现可能与用药有关的不良反应，应当通过国家药品不良反应监测信息网络报告；不具备在线报告条件的，应当通过纸质报表报所在地药品不良反应监测机构，由所在地药品不良反应监测机构代为在线报告。

报告内容应当真实、完整、准确。

第十六条　各级药品不良反应监测机构应当对本行政区域内的药品不良反应报告和监测资料进行评价和管理。

第十七条　药品生产、经营企业和医疗机构应当配合药品监督管理部门、卫生行政部门和药品不良反应监测机构对药品不良反应或者群体不良事件的调查，并提供调查所需的资料。

第十八条　药品生产、经营企业和医疗机构应当建立并保存药品不良反应报告和监测档案。

第二节　个例药品不良反应

第十九条　药品生产、经营企业和医疗机构应当主动收集药品不良反应，获知或者发现药品不良反应后应当详细记录、分析和处理，填写《药品不良反应/事件报告表》并报告。

第二十条　新药监测期内的国产药品应当报告该药品的所有不良反应；其他国产药品，报告新的和严重的不良反应。

进口药品自首次获准进口之日起 5 年内，报告该进口药品的所有不良反应；满 5 年的，报告新的和严重的不良反应。

第二十一条　药品生产、经营企业和医疗机构发现或者获知新的、严重的药品不良反应应当在 15 日内报告，其中死亡病例须立即报告；其他药品不良反应应当在 30 日内报告。有随访信息的，应当及时报告。

第二十二条 药品生产企业应当对获知的死亡病例进行调查，详细了解死亡病例的基本信息、药品使用情况、不良反应发生及诊治情况等，并在 15 日内完成调查报告，报药品生产企业所在地的省级药品不良反应监测机构。

第二十三条 个人发现新的或者严重的药品不良反应，可以向经治医师报告，也可以向药品生产、经营企业或者当地的药品不良反应监测机构报告，必要时提供相关的病历资料。

第二十四条 设区的市级、县级药品不良反应监测机构应当对收到的药品不良反应报告的真实性、完整性和准确性进行审核。严重药品不良反应报告的审核和评价应当自收到报告之日起 3 个工作日内完成，其他报告的审核和评价应当在 15 个工作日内完成。

设区的市级、县级药品不良反应监测机构应当对死亡病例进行调查，详细了解死亡病例的基本信息、药品使用情况、不良反应发生及诊治情况等，自收到报告之日起 15 个工作日内完成调查报告，报同级药品监督管理部门和卫生行政部门，以及上一级药品不良反应监测机构。

第二十五条 省级药品不良反应监测机构应当在收到下一级药品不良反应监测机构提交的严重药品不良反应评价意见之日起 7 个工作日内完成评价工作。

对死亡病例，事件发生地和药品生产企业所在地的省级药品不良反应监测机构均应当及时根据调查报告进行分析、评价，必要时进行现场调查，并将评价结果报省级药品监督管理部门和卫生行政部门，以及国家药品不良反应监测中心。

第二十六条 国家药品不良反应监测中心应当及时对死亡病例进行分析、评价，并将评价结果报国家食品药品监督管理局和卫生部。

第三节　药品群体不良事件

第二十七条　药品生产、经营企业和医疗机构获知或者发现药品群体不良事件后，应当立即通过电话或者传真等方式报所在地的县级药品监督管理部门、卫生行政部门和药品不良反应监测机构，必要时可以越级报告；同时填写《药品群体不良事件基本信息表》，对每一病例还应当及时填写《药品不良反应/事件报告表》，通过国家药品不良反应监测信息网络报告。

第二十八条　设区的市级、县级药品监督管理部门获知药品群体不良事件后，应当立即与同级卫生行政部门联合组织开展现场调查，并及时将调查结果逐级报至省级药品监督管理部门和卫生行政部门。

省级药品监督管理部门与同级卫生行政部门联合对设区的市级、县级的调查进行督促、指导，对药品群体不良事件进行分析、评价，对本行政区域内发生的影响较大的药品群体不良事件，还应当组织现场调查，评价和调查结果应当及时报国家食品药品监督管理局和卫生部。

对全国范围内影响较大并造成严重后果的药品群体不良事件，国家食品药品监督管理局应当与卫生部联合开展相关调查工作。

第二十九条　药品生产企业获知药品群体不良事件后应当立即开展调查，详细了解药品群体不良事件的发生、药品使用、患者诊治以及药品生产、储存、流通、既往类似不良事件等情况，在 7 日内完成调查报告，报所在地省级药品监督管理部门和药品不良反应监测机构；同时迅速开展自查，分析事件发生的原因，必要时应当暂停生产、销售、使用和召回相关药品，并报所在地省级药品监督管理部门。

第三十条　药品经营企业发现药品群体不良事件应当立即告知药品生产企业，同时迅速开展自查，必要时应当暂停药品的销售，并协助药品生产企业采取相关控制措施。

第三十一条 医疗机构发现药品群体不良事件后应当积极救治患者，迅速开展临床调查，分析事件发生的原因，必要时可采取暂停药品的使用等紧急措施。

第三十二条 药品监督管理部门可以采取暂停生产、销售、使用或者召回药品等控制措施。卫生行政部门应当采取措施积极组织救治患者。

第四节 境外发生的严重药品不良反应

第三十三条 进口药品和国产药品在境外发生的严重药品不良反应（包括自发报告系统收集的、上市后临床研究发现的、文献报道的），药品生产企业应当填写《境外发生的药品不良反应/事件报告表》，自获知之日起 30 日内报送国家药品不良反应监测中心。国家药品不良反应监测中心要求提供原始报表及相关信息的，药品生产企业应当在 5 日内提交。

第三十四条 国家药品不良反应监测中心应当对收到的药品不良反应报告进行分析、评价，每半年向国家食品药品监督管理局和卫生部报告，发现提示药品可能存在安全隐患的信息应当及时报告。

第三十五条 进口药品和国产药品在境外因药品不良反应被暂停销售、使用或者撤市的，药品生产企业应当在获知后 24 小时内书面报国家食品药品监督管理局和国家药品不良反应监测中心。

第五节 定期安全性更新报告

第三十六条 药品生产企业应当对本企业生产药品的不良反应报告和监测资料进行定期汇总分析，汇总国内外安全性信息，进行风险和效益评估，撰写定期安全性更新报告。定期安全性更新报告的撰写规范由国家药品不良反应监测中心负责制定。

第三十七条　设立新药监测期的国产药品，应当自取得批准证明文件之日起每满 1 年提交一次定期安全性更新报告，直至首次再注册，之后每 5 年报告一次；其他国产药品，每 5 年报告一次。

首次进口的药品，自取得进口药品批准证明文件之日起每满一年提交一次定期安全性更新报告，直至首次再注册，之后每 5 年报告一次。

定期安全性更新报告的汇总时间以取得药品批准证明文件的日期为起点计，上报日期应当在汇总数据截止日期后 60 日内。

第三十八条　国产药品的定期安全性更新报告向药品生产企业所在地省级药品不良反应监测机构提交。进口药品（包括进口分包装药品）的定期安全性更新报告向国家药品不良反应监测中心提交。

第三十九条　省级药品不良反应监测机构应当对收到的定期安全性更新报告进行汇总、分析和评价，于每年 4 月 1 日前将上一年度定期安全性更新报告统计情况和分析评价结果报省级药品监督管理部门和国家药品不良反应监测中心。

第四十条　国家药品不良反应监测中心应当对收到的定期安全性更新报告进行汇总、分析和评价，于每年 7 月 1 日前将上一年度国产药品和进口药品的定期安全性更新报告统计情况和分析评价结果报国家食品药品监督管理局和卫生部。

第四章　药品重点监测

第四十一条　药品生产企业应当经常考察本企业生产药品的安全性，对新药监测期内的药品和首次进口 5 年内的药品，应当开展重点监测，并按要求对监测数据进行汇总、分析、评价和报告；对本企业生产的其他药品，应当根据安全性情况主动开展重点监测。

第四十二条　省级以上药品监督管理部门根据药品临床使用和

不良反应监测情况，可以要求药品生产企业对特定药品进行重点监测；必要时，也可以直接组织药品不良反应监测机构、医疗机构和科研单位开展药品重点监测。

第四十三条　省级以上药品不良反应监测机构负责对药品生产企业开展的重点监测进行监督、检查，并对监测报告进行技术评价。

第四十四条　省级以上药品监督管理部门可以联合同级卫生行政部门指定医疗机构作为监测点，承担药品重点监测工作。

第五章　评价与控制

第四十五条　药品生产企业应当对收集到的药品不良反应报告和监测资料进行分析、评价，并主动开展药品安全性研究。

药品生产企业对已确认发生严重不良反应的药品，应当通过各种有效途径将药品不良反应、合理用药信息及时告知医务人员、患者和公众；采取修改标签和说明书，暂停生产、销售、使用和召回等措施，减少和防止药品不良反应的重复发生。对不良反应大的药品，应当主动申请注销其批准证明文件。

药品生产企业应当将药品安全性信息及采取的措施报所在地省级药品监督管理部门和国家食品药品监督管理局。

第四十六条　药品经营企业和医疗机构应当对收集到的药品不良反应报告和监测资料进行分析和评价，并采取有效措施减少和防止药品不良反应的重复发生。

第四十七条　省级药品不良反应监测机构应当每季度对收到的药品不良反应报告进行综合分析，提取需要关注的安全性信息，并进行评价，提出风险管理建议，及时报省级药品监督管理部门、卫生行政部门和国家药品不良反应监测中心。

省级药品监督管理部门根据分析评价结果，可以采取暂停生产、销售、使用和召回药品等措施，并监督检查，同时将采取的措施通报同级卫生行政部门。

第四十八条　国家药品不良反应监测中心应当每季度对收到的严重药品不良反应报告进行综合分析，提取需要关注的安全性信息，并进行评价，提出风险管理建议，及时报国家食品药品监督管理局和卫生部。

第四十九条　国家食品药品监督管理局根据药品分析评价结果，可以要求企业开展药品安全性、有效性相关研究。必要时，应当采取责令修改药品说明书，暂停生产、销售、使用和召回药品等措施，对不良反应大的药品，应当撤销药品批准证明文件，并将有关措施及时通报卫生部。

第五十条　省级以上药品不良反应监测机构根据分析评价工作需要，可以要求药品生产、经营企业和医疗机构提供相关资料，相关单位应当积极配合。

第六章　信息管理

第五十一条　各级药品不良反应监测机构应当对收到的药品不良反应报告和监测资料进行统计和分析，并以适当形式反馈。

第五十二条　国家药品不良反应监测中心应当根据对药品不良反应报告和监测资料的综合分析和评价结果，及时发布药品不良反应警示信息。

第五十三条　省级以上药品监督管理部门应当定期发布药品不良反应报告和监测情况。

第五十四条　下列信息由国家食品药品监督管理局和卫生部统一发布：

（一）影响较大并造成严重后果的药品群体不良事件；

（二）其他重要的药品不良反应信息和认为需要统一发布的信息。

前款规定统一发布的信息，国家食品药品监督管理局和卫生部也可以授权省级药品监督管理部门和卫生行政部门发布。

第五十五条 在药品不良反应报告和监测过程中获取的商业秘密、个人隐私、患者和报告者信息应当予以保密。

第五十六条 鼓励医疗机构、药品生产企业、药品经营企业之间共享药品不良反应信息。

第五十七条 药品不良反应报告的内容和统计资料是加强药品监督管理、指导合理用药的依据。

第七章　法律责任

第五十八条 药品生产企业有下列情形之一的，由所在地药品监督管理部门给予警告，责令限期改正，可以并处五千元以上三万元以下的罚款：

（一）未按照规定建立药品不良反应报告和监测管理制度，或者无专门机构、专职人员负责本单位药品不良反应报告和监测工作的；

（二）未建立和保存药品不良反应监测档案的；

（三）未按照要求开展药品不良反应或者群体不良事件报告、调查、评价和处理的；

（四）未按照要求提交定期安全性更新报告的；

（五）未按照要求开展重点监测的；

（六）不配合严重药品不良反应或者群体不良事件相关调查工作的；

（七）其他违反本办法规定的。

药品生产企业有前款规定第（四）项、第（五）项情形之一的，按照《药品注册管理办法》的规定对相应药品不予再注册。

第五十九条 药品经营企业有下列情形之一的，由所在地药品监督管理部门给予警告，责令限期改正；逾期不改的，处三万元以下的罚款：

（一）无专职或者兼职人员负责本单位药品不良反应监测工作的；

（二）未按照要求开展药品不良反应或者群体不良事件报告、调查、评价和处理的；

（三）不配合严重药品不良反应或者群体不良事件相关调查工作的。

第六十条 医疗机构有下列情形之一的，由所在地卫生行政部门给予警告，责令限期改正；逾期不改的，处三万元以下的罚款。情节严重并造成严重后果的，由所在地卫生行政部门对相关责任人给予行政处分：

（一）无专职或者兼职人员负责本单位药品不良反应监测工作的；

（二）未按照要求开展药品不良反应或者群体不良事件报告、调查、评价和处理的；

（三）不配合严重药品不良反应和群体不良事件相关调查工作的。

药品监督管理部门发现医疗机构有前款规定行为之一的，应当移交同级卫生行政部门处理。

卫生行政部门对医疗机构作出行政处罚决定的，应当及时通报同级药品监督管理部门。

第六十一条 各级药品监督管理部门、卫生行政部门和药品不良反应监测机构及其有关工作人员在药品不良反应报告和监测管理工作中违反本办法，造成严重后果的，依照有关规定给予行政处分。

第六十二条 药品生产、经营企业和医疗机构违反相关规定，给药品使用者造成损害的，依法承担赔偿责任。

第八章 附 则

第六十三条 本办法下列用语的含义：

（一）药品不良反应，是指合格药品在正常用法用量下出现的与用药目的无关的有害反应。

（二）药品不良反应报告和监测，是指药品不良反应的发现、报告、评价和控制的过程。

（三）严重药品不良反应，是指因使用药品引起以下损害情形之一的反应：

1. 导致死亡；

2. 危及生命；

3. 致癌、致畸、致出生缺陷；

4. 导致显著的或者永久的人体伤残或者器官功能的损伤；

5. 导致住院或者住院时间延长；

6. 导致其他重要医学事件，如不进行治疗可能出现上述所列情况的。

（四）新的药品不良反应，是指药品说明书中未载明的不良反应。说明书中已有描述，但不良反应发生的性质、程度、后果或者频率与说明书描述不一致或者更严重的，按照新的药品不良反应处理。

（五）药品群体不良事件，是指同一药品在使用过程中，在相对集中的时间、区域内，对一定数量人群的身体健康或者生命安全造成损害或者威胁，需要予以紧急处置的事件。

同一药品：指同一生产企业生产的同一药品名称、同一剂型、同一规格的药品。

（六）药品重点监测，是指为进一步了解药品的临床使用和不良反应发生情况，研究不良反应的发生特征、严重程度、发生率等，开展的药品安全性监测活动。

　　第六十四条　进口药品的境外制药厂商可以委托其驻中国境内的办事机构或者中国境内代理机构，按照本办法对药品生产企业的规定，履行药品不良反应报告和监测义务。

　　第六十五条　卫生部和国家食品药品监督管理局对疫苗不良反应报告和监测另有规定的，从其规定。

　　第六十六条　医疗机构制剂的不良反应报告和监测管理办法由各省、自治区、直辖市药品监督管理部门会同同级卫生行政部门制定。

　　第六十七条　本办法自 2011 年 7 月 1 日起施行。国家食品药品监督管理局和卫生部于 2004 年 3 月 4 日公布的《药品不良反应报告和监测管理办法》（国家食品药品监督管理局令第 7 号）同时废止。

人体器官移植条例

中华人民共和国国务院令

第 491 号

《人体器官移植条例》已经 2007 年 3 月 21 日国务院第 171 次常务会议通过，现予公布，自 2007 年 5 月 1 日起施行。

总理　温家宝

二〇〇七年三月三十一日

第一章　总　则

第一条　为了规范人体器官移植，保证医疗质量，保障人体健康，维护公民的合法权益，制定本条例。

第二条　在中华人民共和国境内从事人体器官移植，适用本条例；从事人体细胞和角膜、骨髓等人体组织移植，不适用本条例。

本条例所称人体器官移植，是指摘取人体器官捐献人具有特定功能的心脏、肺脏、肝脏、肾脏或者胰腺等器官的全部或者部分，将其植入接受人身体以代替其病损器官的过程。

第三条 任何组织或者个人不得以任何形式买卖人体器官，不得从事与买卖人体器官有关的活动。

第四条 国务院卫生主管部门负责全国人体器官移植的监督管理工作。县级以上地方人民政府卫生主管部门负责本行政区域人体器官移植的监督管理工作。

各级红十字会依法参与人体器官捐献的宣传等工作。

第五条 任何组织或者个人对违反本条例规定的行为，有权向卫生主管部门和其他有关部门举报；对卫生主管部门和其他有关部门未依法履行监督管理职责的行为，有权向本级人民政府、上级人民政府有关部门举报。接到举报的人民政府、卫生主管部门和其他有关部门对举报应当及时核实、处理，并将处理结果向举报人通报。

第六条 国家通过建立人体器官移植工作体系，开展人体器官捐献的宣传、推动工作，确定人体器官移植预约者名单，组织协调人体器官的使用。

第二章 人体器官的捐献

第七条 人体器官捐献应当遵循自愿、无偿的原则。

公民享有捐献或者不捐献其人体器官的权利；任何组织或者个人不得强迫、欺骗或者利诱他人捐献人体器官。

第八条 捐献人体器官的公民应当具有完全民事行为能力。公民捐献其人体器官应当有书面形式的捐献意愿，对已经表示捐献其人体器官的意愿，有权予以撤销。

公民生前表示不同意捐献其人体器官的，任何组织或者个人不得捐献、摘取该公民的人体器官；公民生前未表示不同意捐献其人体器官的，该公民死亡后，其配偶、成年子女、父母可以以书面形式共同表示同意捐献该公民人体器官的意愿。

第九条　任何组织或者个人不得摘取未满 18 周岁公民的活体器官用于移植。

第十条　活体器官的接受人限于活体器官捐献人的配偶、直系血亲或者三代以内旁系血亲，或者有证据证明与活体器官捐献人存在因帮扶等形成亲情关系的人员。

第三章　人体器官的移植

第十一条　医疗机构从事人体器官移植，应当依照《医疗机构管理条例》的规定，向所在地省、自治区、直辖市人民政府卫生主管部门申请办理人体器官移植诊疗科目登记。

医疗机构从事人体器官移植，应当具备下列条件：

（一）有与从事人体器官移植相适应的执业医师和其他医务人员；

（二）有满足人体器官移植所需要的设备、设施；

（三）有由医学、法学、伦理学等方面专家组成的人体器官移植技术临床应用与伦理委员会，该委员会中从事人体器官移植的医学专家不超过委员人数的 1/4；

（四）有完善的人体器官移植质量监控等管理制度。

第十二条　省、自治区、直辖市人民政府卫生主管部门进行人体器官移植诊疗科目登记，除依据本条例第十一条规定的条件外，还应当考虑本行政区域人体器官移植的医疗需求和合法的人体器官来源情况。

省、自治区、直辖市人民政府卫生主管部门应当及时公布已经办理人体器官移植诊疗科目登记的医疗机构名单。

第十三条　已经办理人体器官移植诊疗科目登记的医疗机构不再具备本条例第十一条规定条件的，应当停止从事人体器官移植，并向原登记部门报告。原登记部门应当自收到报告之日起 2 日内注销该医疗机构的人体器官移植诊疗科目登记，并予以公布。

第十四条 省级以上人民政府卫生主管部门应当定期组织专家根据人体器官移植手术成功率、植入的人体器官和术后患者的长期存活率，对医疗机构的人体器官移植临床应用能力进行评估，并及时公布评估结果；对评估不合格的，由原登记部门撤销人体器官移植诊疗科目登记。具体办法由国务院卫生主管部门制订。

第十五条 医疗机构及其医务人员从事人体器官移植，应当遵守伦理原则和人体器官移植技术管理规范。

第十六条 实施人体器官移植手术的医疗机构及其医务人员应当对人体器官捐献人进行医学检查，对接受人因人体器官移植感染疾病的风险进行评估，并采取措施，降低风险。

第十七条 在摘取活体器官前或者尸体器官捐献人死亡前，负责人体器官移植的执业医师应当向所在医疗机构的人体器官移植技术临床应用与伦理委员会提出摘取人体器官审查申请。

人体器官移植技术临床应用与伦理委员会不同意摘取人体器官的，医疗机构不得做出摘取人体器官的决定，医务人员不得摘取人体器官。

第十八条 人体器官移植技术临床应用与伦理委员会收到摘取人体器官审查申请后，应当对下列事项进行审查，并出具同意或者不同意的书面意见：

（一）人体器官捐献人的捐献意愿是否真实；

（二）有无买卖或者变相买卖人体器官的情形；

（三）人体器官的配型和接受人的适应症是否符合伦理原则和人体器官移植技术管理规范。

经2/3以上委员同意，人体器官移植技术临床应用与伦理委员会方可出具同意摘取人体器官的书面意见。

第十九条 从事人体器官移植的医疗机构及其医务人员摘取活体器官前，应当履行下列义务：

（一）向活体器官捐献人说明器官摘取手术的风险、术后注意事项、可能发生的并发症及其预防措施等，并与活体器官捐献人签署知情同意书；

（二）查验活体器官捐献人同意捐献其器官的书面意愿、活体器官捐献人与接受人存在本条例第十条规定关系的证明材料；

（三）确认除摘取器官产生的直接后果外不会损害活体器官捐献人其他正常的生理功能。

从事人体器官移植的医疗机构应当保存活体器官捐献人的医学资料，并进行随访。

第二十条　摘取尸体器官，应当在依法判定尸体器官捐献人死亡后进行。从事人体器官移植的医务人员不得参与捐献人的死亡判定。

从事人体器官移植的医疗机构及其医务人员应当尊重死者的尊严；对摘取器官完毕的尸体，应当进行符合伦理原则的医学处理，除用于移植的器官以外，应当恢复尸体原貌。

第二十一条　从事人体器官移植的医疗机构实施人体器官移植手术，除向接受人收取下列费用外，不得收取或者变相收取所移植人体器官的费用：

（一）摘取和植入人体器官的手术费；

（二）保存和运送人体器官的费用；

（三）摘取、植入人体器官所发生的药费、检验费、医用耗材费。

前款规定费用的收取标准，依照有关法律、行政法规的规定确定并予以公布。

第二十二条　申请人体器官移植手术患者的排序，应当符合医疗需要，遵循公平、公正和公开的原则。具体办法由国务院卫生主管部门制订。

第二十三条　从事人体器官移植的医务人员应当对人体器官捐

献人、接受人和申请人体器官移植手术的患者的个人资料保密。

第二十四条　从事人体器官移植的医疗机构应当定期将实施人体器官移植的情况向所在地省、自治区、直辖市人民政府卫生主管部门报告。具体办法由国务院卫生主管部门制订。

第四章　法律责任

第二十五条　违反本条例规定，有下列情形之一，构成犯罪的，依法追究刑事责任：

（一）未经公民本人同意摘取其活体器官的；

（二）公民生前表示不同意捐献其人体器官而摘取其尸体器官的；

（三）摘取未满 18 周岁公民的活体器官的。

第二十六条　违反本条例规定，买卖人体器官或者从事与买卖人体器官有关活动的，由设区的市级以上地方人民政府卫生主管部门依照职责分工没收违法所得，并处交易额 8 倍以上 10 倍以下的罚款；医疗机构参与上述活动的，还应当对负有责任的主管人员和其他直接责任人员依法给予处分，并由原登记部门撤销该医疗机构人体器官移植诊疗科目登记，该医疗机构 3 年内不得再申请人体器官移植诊疗科目登记；医务人员参与上述活动的，由原发证部门吊销其执业证书。

国家工作人员参与买卖人体器官或者从事与买卖人体器官有关活动的，由有关国家机关依据职权依法给予撤职、开除的处分。

第二十七条　医疗机构未办理人体器官移植诊疗科目登记，擅自从事人体器官移植的，依照《医疗机构管理条例》的规定予以处罚。

实施人体器官移植手术的医疗机构及其医务人员违反本条例规定，未对人体器官捐献人进行医学检查或者未采取措施，导致接受人因人体器官移植手术感染疾病的，依照《医疗事故处理条例》的规定予以处罚。

从事人体器官移植的医务人员违反本条例规定，泄露人体器官捐献人、接受人或者申请人体器官移植手术患者个人资料的，依照《执业医师法》或者国家有关护士管理的规定予以处罚。

违反本条例规定，给他人造成损害的，应当依法承担民事责任。

违反本条例第二十一条规定收取费用的，依照价格管理的法律、行政法规的规定予以处罚。

第二十八条 医务人员有下列情形之一的，依法给予处分；情节严重的，由县级以上地方人民政府卫生主管部门依照职责分工暂停其6个月以上1年以下执业活动；情节特别严重的，由原发证部门吊销其执业证书：

（一）未经人体器官移植技术临床应用与伦理委员会审查同意摘取人体器官的；

（二）摘取活体器官前未依照本条例第十九条的规定履行说明、查验、确认义务的；

（三）对摘取器官完毕的尸体未进行符合伦理原则的医学处理，恢复尸体原貌的。

第二十九条 医疗机构有下列情形之一的，对负有责任的主管人员和其他直接责任人员依法给予处分；情节严重的，由原登记部门撤销该医疗机构人体器官移植诊疗科目登记，该医疗机构3年内不得再申请人体器官移植诊疗科目登记：

（一）不再具备本条例第十一条规定条件，仍从事人体器官移植的；

（二）未经人体器官移植技术临床应用与伦理委员会审查同意，做出摘取人体器官的决定，或者胁迫医务人员违反本条例规定摘取人体器官的；

（三）有本条例第二十八条第（二）项、第（三）项列举的情形的。

医疗机构未定期将实施人体器官移植的情况向所在地省、自治区、直辖市人民政府卫生主管部门报告的，由所在地省、自治区、直辖市人民政府卫生主管部门责令限期改正；逾期不改正的，对负有责任的主管人员和其他直接责任人员依法给予处分。

第三十条　从事人体器官移植的医务人员参与尸体器官捐献人的死亡判定的，由县级以上地方人民政府卫生主管部门依照职责分工暂停其 6 个月以上 1 年以下执业活动；情节严重的，由原发证部门吊销其执业证书。

第三十一条　国家机关工作人员在人体器官移植监督管理工作中滥用职权、玩忽职守、徇私舞弊，构成犯罪的，依法追究刑事责任；尚不构成犯罪的，依法给予处分。

第五章　附　则

第三十二条　本条例自 2007 年 5 月 1 日起施行。

全国普法学习读本

★　★　★　★　★

最新卫生安保类法律法规读本

医疗防疫法律法规学习读本

防疫防治综合法律法规

王金锋　主编

加大全民普法力度，建设社会主义法治文化，树立宪法法律
至上、法律面前人人平等的法治理念。

——中国共产党第十九次全国代表大会《决胜全面建
成小康社会　夺取新时代中国特色社会主义伟大胜利》

汕頭大學出版社

图书在版编目（CIP）数据

防疫防治综合法律法规／王金锋主编. -- 汕头：
汕头大学出版社，2023.4（重印）
　（医疗防疫法律法规学习读本）
　ISBN 978-7-5658-2946-8

Ⅰ. ①防… Ⅱ. ①王… Ⅲ. ①卫生防疫–法规–中国
–学习参考资料 Ⅳ. ①D922. 164

中国版本图书馆 CIP 数据核字（2018）第 035220 号

防疫防治综合法律法规　　FANGYI FANGZHI ZONGHE FALÜ FAGUI

主　　编：王金锋
责任编辑：邹　峰
责任技编：黄东生
封面设计：大华文苑
出版发行：汕头大学出版社
　　　　　广东省汕头市大学路 243 号汕头大学校园内　邮政编码：515063
电　　话：0754-82904613
印　　刷：三河市元兴印务有限公司
开　　本：690mm×960mm 1/16
印　　张：18
字　　数：226 千字
版　　次：2018 年 5 月第 1 版
印　　次：2023 年 4 月第 2 次印刷
定　　价：59. 60 元（全 2 册）
ISBN 978-7-5658-2946-8

前　言

习近平总书记指出："推进全民守法，必须着力增强全民法治观念。要坚持把全民普法和守法作为依法治国的长期基础性工作，采取有力措施加强法制宣传教育。要坚持法治教育从娃娃抓起，把法治教育纳入国民教育体系和精神文明创建内容，由易到难、循序渐进不断增强青少年的规则意识。要健全公民和组织守法信用记录，完善守法诚信褒奖机制和违法失信行为惩戒机制，形成守法光荣、违法可耻的社会氛围，使遵法守法成为全体人民共同追求和自觉行动。"

中共中央、国务院曾经转发了中央宣传部、司法部关于在公民中开展法治宣传教育的规划，并发出通知，要求各地区各部门结合实际认真贯彻执行。通知指出，全民普法和守法是依法治国的长期基础性工作。深入开展法治宣传教育，是全面建成小康社会和新农村的重要保障。

普法规划指出：各地区各部门要根据实际需要，从不同群体的特点出发，因地制宜开展有特色的法治宣传教育坚持集中法治宣传教育与经常性法治宣传教育相结合，深化法律进机关、进乡村、进社区、进学校、进企业、进单位的"法律六进"主题活动，完善工作标准，建立长效机制。

特别是农业、农村和农民问题，始终是关系党和人民事业发展的全局性和根本性问题。党中央、国务院发布的《关于推进社会主义新农村建设的若干意见》中明确提出要"加强农村法制建设，深入开展农村普法教育，增强农民的法制观念，提高农民依法行使权利和履行义务的自觉性。"多年普法实践证明，普及法律知识，提高法制观念，增强全社会依法办事意识具有重要作用。特别是在广大农村进行普法教育，是提高全民法律素质的需要。

多年来，我国在农村实行的改革开放取得了极大成功，农村发生了翻天覆地的变化，广大农民生活水平大大得到了提高。但是，由于历史和社会等原因，现阶段我国一些地区农民文化素质还不高，不学法、不懂法、不守法现象虽然较原来有所改变，但仍有相当一部分群众的法制观念仍很淡化，不懂、不愿借助法律来保护自身权益，这就极易受到不法的侵害，或极易进行违法犯罪活动，严重阻碍了全面建成小康社会和新农村步伐。

为此，根据党和政府的指示精神以及普法规划，特别是根据广大农村农民的现状，在有关部门和专家的指导下，特别编辑了这套《全国普法学习读本》。主要包括了广大人民群众应知应懂、实际实用的法律法规。为了辅导学习，附录还收入了相应法律法规的条例准则、实施细则、解读解答、案例分析等；同时为了突出法律法规的实际实用特点，兼顾地方性和特殊性，附录还收入了部分某些地方性法律法规以及非法律法规的政策文件、管理制度、应用表格等内容，拓展了本书的知识范围，使法律法规更"接地气"，便于读者学习掌握和实际应用。

在众多法律法规中，我们通过甄别，淘汰了废止的，精选了最新的、权威的和全面的。但有部分法律法规有些条款不适应当下情况了，却没有颁布新的，我们又不能擅自改动，只得保留原有条款，但附录却有相应的补充修改意见或通知等。众多法律法规根据不同内容和受众特点，经过归类组合，优化配套。整套普法读本非常全面系统，具有很强的学习性、实用性和指导性，非常适合用于广大农村和城乡普法学习教育与实践指导。总之，是全国全民普法的良好读本。

目　　录

疫苗流通和预防接种管理条例

疫苗储存和运输管理规范

中华人民共和国尘肺病防治条例

血吸虫病防治条例

疫苗流通和预防接种管理条例

中华人民共和国国务院令

第 668 号

《国务院关于修改〈疫苗流通和预防接种管理条例〉的决定》已经 2016 年 4 月 13 日国务院第 129 次常务会议通过，现予公布，自公布之日起施行。

总理　李克强

2016 年 4 月 23 日

（2005 年 3 月 24 日中华人民共和国国务院令第 434 号公布；根据 2016 年 4 月 23 日《国务院关于修改〈疫苗流通和预防接种管理条例〉的决定》修订)

第一章　总　则

第一条　为了加强对疫苗流通和预防接种的管理，预防、控制传染病的发生、流行，保障人体健康和公共卫生，根据《中华人民共和国药品管理法》（以下简称药品管理法）和《中华人民共和国传染病防治法》（以下简称传染病防治法），制定本条例。

第二条 本条例所称疫苗，是指为了预防、控制传染病的发生、流行，用于人体预防接种的疫苗类预防性生物制品。

疫苗分为两类。第一类疫苗，是指政府免费向公民提供，公民应当依照政府的规定受种的疫苗，包括国家免疫规划确定的疫苗，省、自治区、直辖市人民政府在执行国家免疫规划时增加的疫苗，以及县级以上人民政府或者其卫生主管部门组织的应急接种或者群体性预防接种所使用的疫苗；第二类疫苗，是指由公民自费并且自愿受种的其他疫苗。

第三条 接种第一类疫苗由政府承担费用。接种第二类疫苗由受种者或者其监护人承担费用。

第四条 疫苗的流通、预防接种及其监督管理适用本条例。

第五条 国务院卫生主管部门根据全国范围内的传染病流行情况、人群免疫状况等因素，制定国家免疫规划；会同国务院财政部门拟订纳入国家免疫规划的疫苗种类，报国务院批准后公布。

省、自治区、直辖市人民政府在执行国家免疫规划时，根据本行政区域的传染病流行情况、人群免疫状况等因素，可以增加免费向公民提供的疫苗种类，并报国务院卫生主管部门备案。

第六条 国家实行有计划的预防接种制度，推行扩大免疫规划。

需要接种第一类疫苗的受种者应当依照本条例规定受种；

受种者为未成年人的，其监护人应当配合有关的疾病预防控制机构和医疗机构等医疗卫生机构，保证受种者及时受种。

第七条 国务院卫生主管部门负责全国预防接种的监督管理工作。县级以上地方人民政府卫生主管部门负责本行政区域内预防接种的监督管理工作。

国务院药品监督管理部门负责全国疫苗的质量和流通的监督管理工作。省、自治区、直辖市人民政府药品监督管理部门负责本行政区域内疫苗的质量和流通的监督管理工作。

第八条 经县级人民政府卫生主管部门依照本条例规定指定的医疗卫生机构（以下称接种单位），承担预防接种工作。县级人民政府卫生主管部门指定接种单位时，应当明确其责任区域。

县级以上人民政府应当对承担预防接种工作并作出显著成绩和贡献的接种单位及其工作人员给予奖励。

第九条 国家支持、鼓励单位和个人参与预防接种工作。各级人民政府应当完善有关制度，方便单位和个人参与预防接种工作的宣传、教育和捐赠等活动。

居民委员会、村民委员会应当配合有关部门开展与预防接种有关的宣传、教育工作，并协助组织居民、村民受种第一类疫苗。

第二章　疫苗流通

第十条 采购疫苗，应当通过省级公共资源交易平台进行。

第十一条 省级疾病预防控制机构应当根据国家免疫规划和本地区预防、控制传染病的发生、流行的需要，制定本地区第一类疫苗的使用计划（以下称使用计划），并向依照国家有关规定负责采购第一类疫苗的部门报告，同时报同级人民政府卫生主管部门备案。使用计划应当包括疫苗的品种、数量、供应渠道与供应方式等内容。

第十二条　依照国家有关规定负责采购第一类疫苗的部门应当依法与疫苗生产企业签订政府采购合同，约定疫苗的品种、数量、价格等内容。

第十三条　疫苗生产企业应当按照政府采购合同的约定，向省级疾病预防控制机构或者其指定的其他疾病预防控制机构供应第一类疫苗，不得向其他单位或者个人供应。

疫苗生产企业应当在其供应的纳入国家免疫规划疫苗的最小外包装的显著位置，标明"免费"字样以及国务院卫生主管部门规定的"免疫规划"专用标识。具体管理办法由国务院药品监督管理部门会同国务院卫生主管部门制定。

第十四条　省级疾病预防控制机构应当做好分发第一类疫苗的组织工作，并按照使用计划将第一类疫苗组织分发到设区的市级疾病预防控制机构或者县级疾病预防控制机构。县级疾病预防控制机构应当按照使用计划将第一类疫苗分发到接种单位和乡级医疗卫生机构。乡级医疗卫生机构应当将第一类疫苗分发到承担预防接种工作的村医疗卫生机构。医疗卫生机构不得向其他单位或者个人分发第一类疫苗；分发第一类疫苗，不得收取任何费用。

传染病暴发、流行时，县级以上地方人民政府或者其卫生主管部门需要采取应急接种措施的，设区的市级以上疾病预防控制机构可以直接向接种单位分发第一类疫苗。

第十五条　第二类疫苗由省级疾病预防控制机构组织在省

级公共资源交易平台集中采购，由县级疾病预防控制机构向疫苗生产企业采购后供应给本行政区域的接种单位。

疫苗生产企业应当直接向县级疾病预防控制机构配送第二类疫苗，或者委托具备冷链储存、运输条件的企业配送。接受委托配送第二类疫苗的企业不得委托配送。

县级疾病预防控制机构向接种单位供应第二类疫苗可以收取疫苗费用以及储存、运输费用。疫苗费用按照采购价格收取，储存、运输费用按照省、自治区、直辖市的规定收取。收费情况应当向社会公开。

第十六条 疾病预防控制机构、接种单位、疫苗生产企业、接受委托配送疫苗的企业应当遵守疫苗储存、运输管理规范，保证疫苗质量。疫苗储存、运输的全过程应当始终处于规定的温度环境，不得脱离冷链，并定时监测、记录温度。对于冷链运输时间长、需要配送至偏远地区的疫苗，省级疾病预防控制机构应当提出加贴温度控制标签的要求。

疫苗储存、运输管理的相关规范由国务院卫生主管部门、药品监督管理部门制定。

第十七条 疫苗生产企业在销售疫苗时，应当提供由药品检验机构依法签发的生物制品每批检验合格或者审核批准证明复印件，并加盖企业印章；销售进口疫苗的，还应当提供进口药品通关单复印件，并加盖企业印章。

疾病预防控制机构、接种单位在接收或者购进疫苗时，应当向疫苗生产企业索取前款规定的证明文件，并保存至超过疫苗有效期2年备查。

第十八条 疫苗生产企业应当依照药品管理法和国务院药

品监督管理部门的规定，建立真实、完整的销售记录，并保存至超过疫苗有效期 2 年备查。

疾病预防控制机构应当依照国务院卫生主管部门的规定，建立真实、完整的购进、储存、分发、供应记录，做到票、账、货、款一致，并保存至超过疫苗有效期 2 年备查。疾病预防控制机构接收或者购进疫苗时应当索要疫苗储存、运输全过程的温度监测记录；对不能提供全过程温度监测记录或者温度控制不符合要求的，不得接收或者购进，并应当立即向药品监督管理部门、卫生主管部门报告。

第三章　疫苗接种

第十九条　国务院卫生主管部门应当制定、公布预防接种工作规范，并根据疫苗的国家标准，结合传染病流行病学调查信息，制定、公布纳入国家免疫规划疫苗的免疫程序和其他疫苗的免疫程序或者使用指导原则。

省、自治区、直辖市人民政府卫生主管部门应当根据国务院卫生主管部门制定的免疫程序、疫苗使用指导原则，结合本行政区域的传染病流行情况，制定本行政区域的接种方案，并报国务院卫生主管部门备案。

第二十条　各级疾病预防控制机构依照各自职责，根据国家免疫规划或者接种方案，开展与预防接种相关的宣传、培训、技术指导、监测、评价、流行病学调查、应急处置等工作，并依照国务院卫生主管部门的规定作好记录。

第二十一条　接种单位应当具备下列条件：

（一）具有医疗机构执业许可证件；

（二）具有经过县级人民政府卫生主管部门组织的预防接种专业培训并考核合格的执业医师、执业助理医师、护士或者乡村医生；

（三）具有符合疫苗储存、运输管理规范的冷藏设施、设备和冷藏保管制度。

承担预防接种工作的城镇医疗卫生机构，应当设立预防接种门诊。

第二十二条 接种单位应当承担责任区域内的预防接种工作，并接受所在地的县级疾病预防控制机构的技术指导。

第二十三条 接种单位接收第一类疫苗或者购进第二类疫苗，应当索要疫苗储存、运输全过程的温度监测记录，建立并保存真实、完整的接收、购进记录，做到票、账、货、款一致。对不能提供全过程温度监测记录或者温度控制不符合要求的，接种单位不得接收或者购进，并应当立即向所在地县级人民政府药品监督管理部门、卫生主管部门报告。

接种单位应当根据预防接种工作的需要，制定第一类疫苗的需求计划和第二类疫苗的购买计划，并向县级人民政府卫生主管部门和县级疾病预防控制机构报告。

第二十四条 接种单位接种疫苗，应当遵守预防接种工作规范、免疫程序、疫苗使用指导原则和接种方案，并在其接种场所的显著位置公示第一类疫苗的品种和接种方法。

第二十五条 医疗卫生人员在实施接种前，应当告知受种者或者其监护人所接种疫苗的品种、作用、禁忌、不良反应以及注意事项，询问受种者的健康状况以及是否有接种禁忌等情况，并如实记录告知和询问情况。受种者或者其监护人应当了解预防接种的相关知识，并如实提供受种者的健康状况和接种禁忌等情况。

医疗卫生人员应当对符合接种条件的受种者实施接种，并依照国务院卫生主管部门的规定，记录疫苗的品种、生产企业、最小包装单位的识别信息、有效期、接种时间、实施接种的医疗卫生人员、受种者等内容。接种记录保存时间不得少于5年。

对于因有接种禁忌而不能接种的受种者，医疗卫生人员应当对受种者或者其监护人提出医学建议。

第二十六条　国家对儿童实行预防接种证制度。在儿童出生后1个月内，其监护人应当到儿童居住地承担预防接种工作的接种单位为其办理预防接种证。接种单位对儿童实施接种时，应当查验预防接种证，并作好记录。

儿童离开原居住地期间，由现居住地承担预防接种工作的接种单位负责对其实施接种。

预防接种证的格式由省、自治区、直辖市人民政府卫生主管部门制定。

第二十七条　儿童入托、入学时，托幼机构、学校应当查验预防接种证，发现未依照国家免疫规划受种的儿童，应当向所在地的县级疾病预防控制机构或者儿童居住地承担预防接种工作的接种单位报告，并配合疾病预防控制机构或者接种单位督促其监护人在儿童入托、入学后及时到接种单位补种。

第二十八条　接种单位应当按照国家免疫规划对居住在其责任区域内需要接种第一类疫苗的受种者接种，并达到国家免疫规划所要求的接种率。

疾病预防控制机构应当及时向接种单位分发第一类疫苗。

受种者或者其监护人要求自费选择接种第一类疫苗的同品种疫苗的，提供服务的接种单位应当告知费用承担、异常反应补偿方式以及本条例第二十五条规定的有关内容。

第二十九条 接种单位应当依照国务院卫生主管部门的规定对接种情况进行登记，并向所在地的县级人民政府卫生主管部门和县级疾病预防控制机构报告。接种单位在完成国家免疫规划后剩余第一类疫苗的，应当向原疫苗分发单位报告，并说明理由。

第三十条 接种单位接种第一类疫苗不得收取任何费用。

接种单位接种第二类疫苗可以收取服务费、接种耗材费，具体收费标准由所在地的省、自治区、直辖市人民政府价格主管部门核定。

第三十一条 县级以上地方人民政府卫生主管部门根据传染病监测和预警信息，为了预防、控制传染病的暴发、流行，需要在本行政区域内部分地区进行群体性预防接种的，应当报经本级人民政府决定，并向省、自治区、直辖市人民政府卫生主管部门备案；需要在省、自治区、直辖市行政区域全部范围内进行群体性预防接种的，应当由省、自治区、直辖市人民政府卫生主管部门报经本级人民政府决定，并向国务院卫生主管部门备案。需要在全国范围或者跨省、自治区、直辖市范围内进行群体性预防接种的，应当由国务院卫生主管部门决定。作出批准决定的人民政府或者国务院卫生主管部门应当组织有关部门做好人员培训、宣传教育、物资调用等工作。

任何单位或者个人不得擅自进行群体性预防接种。

第三十二条　传染病暴发、流行时，县级以上地方人民政府或者其卫生主管部门需要采取应急接种措施的，依照传染病防治法和《突发公共卫生事件应急条例》的规定执行。

第三十三条　国务院卫生主管部门或者省、自治区、直辖市人民政府卫生主管部门可以根据传染病监测和预警信息发布接种第二类疫苗的建议信息，其他任何单位和个人不得发布。

接种第二类疫苗的建议信息应当包含所针对传染病的防治知识、相关的接种方案等内容，但不得涉及具体的疫苗生产企业。

第四章　保障措施

第三十四条　县级以上人民政府应当将与国家免疫规划有关的预防接种工作纳入本行政区域的国民经济和社会发展计划，对预防接种工作所需经费予以保障，保证达到国家免疫规划所要求的接种率，确保国家免疫规划的实施。

第三十五条　省、自治区、直辖市人民政府根据本行政区域传染病流行趋势，在国务院卫生主管部门确定的传染病预防、控制项目范围内，确定本行政区域与预防接种相关的项目，并保证项目的实施。

第三十六条　省、自治区、直辖市人民政府应当对购买、运输第一类疫苗所需经费予以保障，并保证本行政区域内疾病预防控制机构和接种单位冷链系统的建设、运转。

国家根据需要对贫困地区的预防接种工作给予适当支持。

第三十七条　县级人民政府应当保证实施国家免疫规划的预防接种所需经费，并依照国家有关规定对从事预防接种工作的乡村医生和其他基层预防保健人员给予适当补助。

省、自治区、直辖市人民政府和设区的市级人民政府应当对困难地区的县级人民政府开展与预防接种相关的工作给予必要的经费补助。

第三十八条 县级以上人民政府负责疫苗和有关物资的储备，以备调用。

第三十九条 各级财政安排用于预防接种的经费应当专款专用，任何单位和个人不得挪用、挤占。有关单位和个人使用用于预防接种的经费应当依法接受审计机关的审计监督。

第五章 预防接种异常反应的处理

第四十条 预防接种异常反应，是指合格的疫苗在实施规范接种过程中或者实施规范接种后造成受种者机体组织器官、功能损害，相关各方均无过错的药品不良反应。

第四十一条 下列情形不属于预防接种异常反应：

（一）因疫苗本身特性引起的接种后一般反应；

（二）因疫苗质量不合格给受种者造成的损害；

（三）因接种单位违反预防接种工作规范、免疫程序、疫苗使用指导原则、接种方案给受种者造成的损害；

（四）受种者在接种时正处于某种疾病的潜伏期或者前驱期，接种后偶合发病；

（五）受种者有疫苗说明书规定的接种禁忌，在接种前受种者或者其监护人未如实提供受种者的健康状况和接种禁忌等情况，接种后受种者原有疾病急性复发或者病情加重；

（六）因心理因素发生的个体或者群体的心因性反应。

第四十二条 疾病预防控制机构和接种单位及其医疗卫生人员发现预防接种异常反应、疑似预防接种异常反应或者接到相关报告的，应当依照预防接种工作规范及时处理，并立即报告所在地的县级人民政府卫生主管部门、药品监督管理部门。接到报告的卫生主管部门、药品监督管理部门应当立即组织调查处理。

第四十三条 县级以上地方人民政府卫生主管部门、药品监督管理部门应当将在本行政区域内发生的预防接种异常反应及其处理的情况，分别逐级上报至国务院卫生主管部门和药品监督管理部门。

第四十四条 预防接种异常反应争议发生后，接种单位或者受种方可以请求接种单位所在地的县级人民政府卫生主管部门处理。

因预防接种导致受种者死亡、严重残疾或者群体性疑似预防接种异常反应，接种单位或者受种方请求县级人民政府卫生主管部门处理的，接到处理请求的卫生主管部门应当采取必要的应急处置措施，及时向本级人民政府报告，并移送上一级人民政府卫生主管部门处理。

第四十五条 预防接种异常反应的鉴定参照《医疗事故处理条例》执行，具体办法由国务院卫生主管部门会同国务院药品监督管理部门制定。

第四十六条 因预防接种异常反应造成受种者死亡、严重残疾或者器官组织损伤的，应当给予一次性补偿。

因接种第一类疫苗引起预防接种异常反应需要对受种者予

以补偿的，补偿费用由省、自治区、直辖市人民政府财政部门在预防接种工作经费中安排。因接种第二类疫苗引起预防接种异常反应需要对受种者予以补偿的，补偿费用由相关的疫苗生产企业承担。国家鼓励建立通过商业保险等形式对预防接种异常反应受种者予以补偿的机制。

预防接种异常反应具体补偿办法由省、自治区、直辖市人民政府制定。

第四十七条 因疫苗质量不合格给受种者造成损害的，依照药品管理法的有关规定处理；因接种单位违反预防接种工作规范、免疫程序、疫苗使用指导原则、接种方案给受种者造成损害的，依照《医疗事故处理条例》的有关规定处理。

第六章　监督管理

第四十八条 药品监督管理部门依照药品管理法及其实施条例的有关规定，对疫苗在储存、运输、供应、销售、分发和使用等环节中的质量进行监督检查，并将检查结果及时向同级卫生主管部门通报。药品监督管理部门根据监督检查需要对疫苗进行抽查检验的，有关单位和个人应当予以配合，不得拒绝。

第四十九条 药品监督管理部门在监督检查中，对有证据证明可能危害人体健康的疫苗及其有关材料可以采取查封、扣押的措施，并在7日内作出处理决定；疫苗需要检验的，应当自检验报告书发出之日起15日内作出处理决定。

疾病预防控制机构、接种单位、疫苗生产企业发现假劣或者质量可疑的疫苗，应当立即停止接种、分发、供应、销售，并立即向所在地的县级人民政府卫生主管部门和药品监督管理部门报告，不得自行处理。接到报告的卫生主管部门应当立即组织疾病预防控制机构和接种单位采取必要的应急处置措施，同时向上级卫生主管部门报告；接到报告的药品监督管理部门应当对假劣或者质量可疑的疫苗依法采取查封、扣押等措施。

第五十条　县级以上人民政府卫生主管部门在各自职责范围内履行下列监督检查职责：

（一）对医疗卫生机构实施国家免疫规划的情况进行监督检查；

（二）对疾病预防控制机构开展与预防接种相关的宣传、培训、技术指导等工作进行监督检查；

（三）对医疗卫生机构分发和购买疫苗的情况进行监督检查。

卫生主管部门应当主要通过对医疗卫生机构依照本条例规定所作的疫苗分发、储存、运输和接种等记录进行检查，履行监督管理职责；必要时，可以进行现场监督检查。卫生主管部门对监督检查情况应当予以记录，发现违法行为的，应当责令有关单位立即改正。

第五十一条　卫生主管部门、药品监督管理部门的工作人员依法履行监督检查职责时，不得少于2人，并出示证明文件；对被检查人的商业秘密应当保密。

第五十二条　卫生主管部门、药品监督管理部门发现疫苗质量问题和预防接种异常反应以及其他情况时，应当及时互相通报，实现信息共享。

第五十三条　任何单位和个人有权向卫生主管部门、药品监督管理部门举报违反本条例规定的行为，有权向本级人民政府、上级人民政府有关部门举报卫生主管部门、药品监督管理部门未依法履行监督管理职责的情况。接到举报的有关人民政府、卫生主管部门、药品监督管理部门对有关举报应当及时核实、处理。

第五十四条 国家建立疫苗全程追溯制度。国务院药品监督管理部门会同国务院卫生主管部门制定统一的疫苗追溯体系技术规范。

疫苗生产企业、疾病预防控制机构、接种单位应当依照药品管理法、本条例和国务院药品监督管理部门、卫生主管部门的规定建立疫苗追溯体系，如实记录疫苗的流通、使用信息，实现疫苗最小包装单位的生产、储存、运输、使用全过程可追溯。

国务院药品监督管理部门会同国务院卫生主管部门建立疫苗全程追溯协作机制。

第五十五条 疾病预防控制机构、接种单位对包装无法识别、超过有效期、脱离冷链、经检验不符合标准、来源不明的疫苗，应当如实登记，向所在地县级人民政府药品监督管理部门报告，由县级人民政府药品监督管理部门会同同级卫生主管部门按照规定监督销毁。疾病预防控制机构、接种单位应当如实记录销毁情况，销毁记录保存时间不得少于5年。

第七章　法律责任

第五十六条 县级以上人民政府卫生主管部门、药品监督管理部门违反本条例规定，有下列情形之一的，由本级人民政府、上级人民政府卫生主管部门或者药品监督管理部门责令改正，通报批评；造成受种者人身损害，传染病传播、流行或者其他严重后果的，对直接负责的主管人员和其他直接责任人员依法给予处分；造成特别严重后果的，其主要负责人还应当引咎辞职；构成犯罪的，依法追究刑事责任：

（一）未依照本条例规定履行监督检查职责，或者发现违法行为不及时查处的；

（二）未及时核实、处理对下级卫生主管部门、药品监督管理部门不履行监督管理职责的举报的；

（三）接到发现预防接种异常反应或者疑似预防接种异常反应的相关报告，未立即组织调查处理的；

（四）擅自进行群体性预防接种的；

（五）违反本条例的其他失职、渎职行为。

第五十七条 县级以上人民政府未依照本条例规定履行预防接种保障职责的，由上级人民政府责令改正，通报批评；造成传染病传播、流行或者其他严重后果的，对直接负责的主管人员和其他直接责任人员依法给予处分；发生特别严重的疫苗质量安全事件或者连续发生严重的疫苗质量安全事件的地区，其人民政府主要负责人还应当引咎辞职；构成犯罪的，依法追究刑事责任。

第五十八条 疾病预防控制机构有下列情形之一的，由县级以上人民政府卫生主管部门责令改正，通报批评，给予警告；有违法所得的，没收违法所得；拒不改正的，对主要负责人、直接负责的主管人员和其他直接责任人员依法给予警告至降级的处分：

（一）未按照使用计划将第一类疫苗分发到下级疾病预防

控制机构、接种单位、乡级医疗卫生机构的；

（二）未依照规定建立并保存疫苗购进、储存、分发、供应记录的；

（三）接收或者购进疫苗时未依照规定索要温度监测记录，接收、购进不符合要求的疫苗，或者未依照规定报告的。

乡级医疗卫生机构未依照本条例规定将第一类疫苗分发到承担预防接种工作的村医疗卫生机构的，依照前款的规定给予处罚。

第五十九条 接种单位有下列情形之一的，由所在地的县级人民政府卫生主管部门责令改正，给予警告；拒不改正的，对主要负责人、直接负责的主管人员依法给予警告至降级的处分，对负有责任的医疗卫生人员责令暂停3个月以上6个月以下的执业活动：

（一）接收或者购进疫苗时未依照规定索要温度监测记录，接收、购进不符合要求的疫苗，或者未依照规定报告的；

（二）未依照规定建立并保存真实、完整的疫苗接收或者购进记录的；

（三）未在其接种场所的显著位置公示第一类疫苗的品种和接种方法的；

（四）医疗卫生人员在接种前，未依照本条例规定告知、询问受种者或者其监护人有关情况的；

（五）实施预防接种的医疗卫生人员未依照规定填写并保存接种记录的；

（六）未依照规定对接种疫苗的情况进行登记并报告的。

第六十条 疾病预防控制机构、接种单位有下列情形之一的，由县级以上地方人民政府卫生主管部门责令改正，给予警告；有违法所得的，没收违法所得；拒不改正的，对主要负责人、直接负责的主管人员和其他直接责任人员依法给予警告至撤职的处分；造成受种者人身损害或者其他严重后果的，对主要负责人、直接负责的主管人员依法给予开除的处分，并由原发证部门吊销负有责任的医疗卫生人员的执业证书；构成犯罪的，依法追究刑事责任：

（一）违反本条例规定，未通过省级公共资源交易平台采购疫苗的；

（二）违反本条例规定，从疫苗生产企业、县级疾病预防控制机构以外的单位或者个人购进第二类疫苗的；

（三）接种疫苗未遵守预防接种工作规范、免疫程序、疫苗使用指导原则、接种方案的；

（四）发现预防接种异常反应或者疑似预防接种异常反应，未依照规定及时处理或者报告的；

（五）擅自进行群体性预防接种的；

（六）未依照规定对包装无法识别、超过有效期、脱离冷链、经检验不符合标准、来源不明的疫苗进行登记、报告，或者未依照规定记录销毁情况的。

第六十一条　疾病预防控制机构、接种单位在疫苗分发、供应和接种过程中违反本条例规定收取费用的，由所在地的县级人民政府卫生主管部门监督其将违法收取的费用退还给原缴费的单位或者个人，并由县级以上人民政府价格主管部门依法给予处罚。

第六十二条　药品检验机构出具虚假的疫苗检验报告的，

依照药品管理法第八十六条的规定处罚。

第六十三条 疫苗生产企业未依照规定建立并保存疫苗销售记录的，依照药品管理法第七十八条的规定处罚。

第六十四条 疫苗生产企业未依照规定在纳入国家免疫规划疫苗的最小外包装上标明"免费"字样以及"免疫规划"专用标识的，由药品监督管理部门责令改正，给予警告；拒不改正的，处 5000 元以上 2 万元以下的罚款，并封存相关的疫苗。

第六十五条 疫苗生产企业向县级疾病预防控制机构以外的单位或者个人销售第二类疫苗的，由药品监督管理部门没收违法销售的疫苗，并处违法销售的疫苗货值金额 2 倍以上 5 倍以下的罚款；有违法所得的，没收违法所得；其直接负责的主管人员和其他直接责任人员 5 年内不得从事药品生产经营活动；情节严重的，依法吊销疫苗生产资格或者撤销疫苗进口批准证明文件，其直接负责的主管人员和其他直接责任人员 10 年内不得从事药品生产经营活动；构成犯罪的，依法追究刑事责任。

第六十六条 疾病预防控制机构、接种单位、疫苗生产企业、接受委托配送疫苗的企业未在规定的冷藏条件下储存、运输疫苗的，由药品监督管理部门责令改正，给予警告，对所储存、运输的疫苗予以销毁；由卫生主管部门对疾病预防控制机构、接种单位的主要负责人、直接负责的主管人员和其他直接责任人员依法给予警告至撤职的处分，造成严重后果的，依法给予开除的处分，并吊销接种单位的接种资格；由药品监督管理部门依法责令疫苗生产企业、接受委托配送疫苗的企业停产、停业整顿，并处违反规定储存、运输的疫苗货值金额 2 倍以上 5 倍以下的罚款，造成严重后果的，依法吊销疫苗生产资格或者撤销疫苗进口批准证明文件，其直接负责的主管人员和其他直接责任人员 10 年内不得从事药品生产经营活动；构成犯罪的，依法追究刑事责任。

第六十七条　违反本条例规定发布接种第二类疫苗的建议信息的，由所在地或者行为发生地的县级人民政府卫生主管部门责令通过大众媒体消除影响，给予警告；有违法所得的，没收违法所得，并处违法所得 1 倍以上 3 倍以下的罚款；构成犯罪的，依法追究刑事责任。

第六十八条　未经卫生主管部门依法指定擅自从事接种工作的，由所在地或者行为发生地的县级人民政府卫生主管部门责令改正，给予警告；有违法持有的疫苗的，没收违法持有的疫苗；有违法所得的，没收违法所得；拒不改正的，对主要负责人、直接负责的主管人员和其他直接责任人员依法给予警告、降级的处分。

第六十九条　儿童入托、入学时，托幼机构、学校未依照规定查验预防接种证，或者发现未依照规定受种的儿童后未向疾病预防控制机构或者接种单位报告的，由县级以上地方人民政府教育主管部门责令改正，给予警告；拒不改正的，对主要负责人、直接负责的主管人员和其他直接责任人员依法给予处分。

第七十条　违反本条例规定，疫苗生产企业、县级疾病预防控制机构以外的单位或者个人经营疫苗的，由药品监督管理部门依照药品管理法第七十二条的规定处罚。

第七十一条　卫生主管部门、疾病预防控制机构、接种单位以外的单位或者个人违反本条例规定进行群体性预防接种的，由县级以上人民政府卫生主管部门责令立即改正，没收违法持有的疫苗，并处违法持有的疫苗货值金额 2 倍以上 5 倍以下的罚款；有违法所得的，没收违法所得。

第七十二条 单位和个人违反本条例规定，给受种者人身、财产造成损害的，依法承担民事责任。

第七十三条 以发生预防接种异常反应为由，寻衅滋事，扰乱接种单位的正常医疗秩序和预防接种异常反应鉴定工作的，依法给予治安管理处罚；构成犯罪的，依法追究刑事责任。

第八章　附　则

第七十四条 本条例中下列用语的含义：

国家免疫规划，是指按照国家或者省、自治区、直辖市确定的疫苗品种、免疫程序或者接种方案，在人群中有计划地进行预防接种，以预防和控制特定传染病的发生和流行。

冷链，是指为保证疫苗从疫苗生产企业到接种单位运转过程中的质量而装备的储存、运输冷藏设施、设备。

一般反应，是指在免疫接种后发生的，由疫苗本身所固有的特性引起的，对机体只会造成一过性生理功能障碍的反应，主要有发热和局部红肿，同时可能伴有全身不适、倦怠、食欲不振、乏力等综合症状。

疫苗生产企业，是指我国境内的疫苗生产企业以及向我国出口疫苗的境外疫苗厂商指定的在我国境内的代理机构。

第七十五条 出入境预防接种管理办法由国家出入境检验检疫部门另行制定。

第七十六条 本条例自 2005 年 6 月 1 日起施行。

附 录

一次性疫苗临床试验机构资格认定管理规定

食品药品监管总局关于印发一次性疫苗
临床试验机构资格认定管理规定的通知
食药监药化管〔2013〕248 号

各省、自治区、直辖市食品药品监督管理局，新疆生产建设兵团食品药品监督管理局，总后卫生部药品监督管理局：

为进一步加强疫苗临床试验的监督管理，根据《中华人民共和国药品管理法》及其实施条例，国家食品药品监督管理总局组织制定了《一次性疫苗临床试验机构资格认定管理规定》（简称《规定》），以强化一次性疫苗临床试验机构资格认定申请和审批管理。现将《规定》印发给你们，请加强疫苗临床试验日常监管，并通知申请机构按《规定》的有关要求和程序申报一次性疫苗临床试验机构资格认定，严格按照《药物临床试验质量管理规范》及相关指导原则开展工作。

国家食品药品监督管理总局

2013 年 12 月 10 日

第一条　为加强疫苗临床试验监督管理，保障受试者权益与安全，根据《中华人民共和国药品管理法》及其实施条例制定本规定。

第二条　本规定所称疫苗临床试验是指经国务院药品监督管理部门批准的疫苗临床试验。不具有疫苗临床试验资格的疾病预防控制机构拟开展疫苗临床试验的，须通过一次性疫苗临床试验机构资格认定后方可组织实施。

第三条　申请一次性资格认定的疾病预防控制机构（简称"申请机构"），按《药物临床试验质量管理规范》和《疫苗临床试验质量管理指导原则》等完成相关的试验前准备工作后，向国家食品药品监督管理总局（简称"总局"）行政受理服务中心提交以下申报资料（书面与光盘资料各一式两份）：

（一）送件人身份证明、联系方式及申请机构委托函；

（二）一次性疫苗临床试验机构资格认定申请表；

（三）疫苗临床试验批件复印件；

（四）伦理审查意见/批件复印件；

（五）申请机构与申办者签订的疫苗临床试验委托合同；

（六）疫苗临床试验方案；

（七）疫苗临床试验主要研究者以及各试验现场负责研究者相关信息表；

（八）申请机构疫苗临床试验相关的管理制度和标准操作规程清单；

（九）申请机构预防和处理疫苗临床试验中受试者损害及突发事件的预案；

（十）申请机构各试验现场抢救设施设备及其他主要仪器设备清单；

（十一）申请机构证明性文件：医疗机构执业许可证及事业单位法人证书复印件；

（十二）其他有关资料。

第四条 总局行政受理服务中心对申报资料进行形式审查，工作时限为 5 个工作日。需要补正资料的，行政受理服务中心应书面告知申请机构需补正的内容。

第五条 总局药品认证管理中心按《药物临床试验质量管理规范》和《疫苗临床试验质量管理指导原则》等有关要求，对申报资料进行审查，对申请机构是否具备开展疫苗临床试验的条件提出审查意见。工作时限为 15 个工作日。需要补充资料的，药品认证管理中心应书面告知申请机构。

第六条 总局药品认证管理中心根据资料审查情况需要实施现场检查的，应在 20 个工作日内组织实施，提出审核意见。

对审核意见为需要整改的，由药品认证管理中心通知申请机构；对审核意见为通过或不通过的，由药品认证管理中心报总局药品化妆品注册管理司。

第七条 总局药品化妆品注册管理司根据药品认证管理中心审核意见做出审批决定。工作时限为 15 个工作日。审批结果于 5 个工作日内发送申请机构，并抄送有关监管部门。相关资料转药品认证管理中心存档。

第八条 一次性资格认定只对所申报的疫苗临床试验有效。总局与省级药品监管部门组织对疫苗临床试验进行监督检查。对违反规定的，依法处理。

第九条 突发性疾病、特殊病种等药物一次性临床试验机构资格认定参照本规定执行。

第十条 本规定自发布之日起施行。

疫苗临床试验严重不良事件报告
管理规定（试行）

食品药品监管总局关于印发疫苗临床试验

严重不良事件报告管理规定（试行）的通知

食药监药化管〔2014〕6 号

各省、自治区、直辖市食品药品监督管理局，新疆生产建设兵团食品药品监督管理局，总后卫生部药品监督管理局：

为进一步加强疫苗临床试验安全风险管理，强化受试者安全保障，根据我国《药品注册管理办法》与《药物临床试验质量管理规范》有关规定，参照国际通行规则，国家食品药品监督管理总局组织制定了《疫苗临床试验严重不良事件报告管理规定（试行）》（以下简称《规定》）。现将《规定》印发给你们，并将有关事项通知如下：

一、督促疫苗临床试验各有关方按《规定》做好疫苗临床试验安全监测和严重不良事件报告。其中可疑且非预期严重不良反应等个案报告以及定期安全性报告由申办者按《规定》向总局药品审评中心报送。纸质报告寄送至总局药品审评中心资料组，电子报告经传真或电子邮箱发送，传真号码：010-68584220，电子邮箱：susar@cde.org.cn。

二、请在日常监管中加强疫苗临床试验严重不良事件报告有关工作监督检查。将严重不良事件作为重要线索，对疫苗临床试验申办者、临床试验机构和研究者等有关各方进行有针对性地监督检查。

国家食品药品监督管理总局
2014 年 1 月 17 日

第一条 为规范疫苗临床试验严重不良事件报告，加强疫苗临床试验安全性信息监测，保障受试者安全，根据《中华人民共和国药品管理法》、《药品注册管理办法》、《药物临床试验质量管理规范》等法律法规，参照国际通行规则，制定本规定。

第二条 本规定中疫苗临床试验是指国务院食品药品监督管理部门批准的疫苗临床试验。对疫苗临床试验中发生的严重不良事件，各有关方应按本规定向食品药品监督管理部门进行报告。

第三条 严重不良事件报告分为个案报告与定期安全性报告。

第四条 严重不良事件个案报告包括首次报告和随访报告。

（一）首次报告内容至少包括严重不良事件名称或初步诊断、受试者基本信息、试验用疫苗信息、是否为非预期事件、严重性、与试验疫苗的相关性、处理情况、报告来源等。

（二）随访报告内容包括新获得的有关严重不良事件信息、

对前次报告的更改信息与必要的说明、严重不良事件的分析评估与可能的提示、受试者安全风险评估结果、严重不良事件的转归等。

第五条 定期安全性报告内容至少包括同一试验疫苗的有关临床试验中受试者安全风险分析，报告期间所有新出现的安全性信息、所有严重不良事件的概要性列表、所有可疑且非预期严重不良反应（SUSAR）汇总表。

第六条 申办者是疫苗临床试验安全性信息监测与严重不良事件报告的责任主体。申办者应指定专职人员负责临床试验安全性信息监测与严重不良事件报告管理；应制订临床试验安全性信息监测与严重不良事件报告标准操作规程，并对所有相关人员进行培训；应掌握临床试验过程中最新安全性信息，及时进行安全风险评估，并向研究者及相关监管部门等通报有关信息。

第七条 疫苗临床试验机构应建立临床试验安全性信息报告制度。研究者应及时收集严重不良事件等安全性信息，获知严重不良事件后立即向申办者、伦理委员会、所在地省级监管部门进行首次报告，并如实记录有关情况。

第八条 申办者获知严重不良事件后，应立即对严重不良事件进行全面分析评估和判断。根据严重不良事件性质（类别）按以下时限向国家食品药品监督管理总局（以下简称总局）药品审评中心、所在地省级食品药品监督管理部门提交首次报告并通报所有相关临床试验机构主要研究者：

（一）对于致死或危及生命的可疑且非预期严重不良反应，申办者应在首次获知后尽快报告，但不得超过 7 个自然日，并在随后的 8 个自然日内报告相关随访信息。

（二）对于非致死或危及生命的可疑且非预期严重不良反应，申办者应在首次获知后尽快报告，但不得超过 15 个自然日。

（三）对于其他潜在严重安全性风险的信息，申办者应在首次获知后尽快报告，但不得超过 15 个自然日。

第九条 申办者和研究者在首次报告后，应继续跟踪严重不良事件，以随访报告的形式及时报送有关新信息或对前次报告的更改信息等。

第十条 申办者应向总局药品审评中心、所在地省级食品药品监督管理部门以及所有参与该临床试验的机构的主要研究者提交定期安全性报告。定期安全性报告主要为年度报告，或按食品药品监督管理部门及伦理委员会的更高要求，以书面形式定期提交。报告时间自疫苗临床试验获批准之日算起，至疫苗获批准生产为止。

第十一条 研究者和申办者应按食品药品监督管理部门和伦理委员会的要求，及时提供严重不良事件相关信息和安全风险评估报告。研究者应及时向伦理委员会转报申办者关于临床试验的安全性信息报告。

第十二条 伦理委员会接受严重不良事件等安全性信息报告，及时掌握所发生的严重不良事件及其处理情况，并对临床试验严重不良事件的处理、报告以及安全风险情况等进行跟踪审查。

第十三条 省级食品药品监督管理部门应将严重不良事件报告作为日常监管的重要线索，加强临床试验的日常监督检查。

第十四条 申办者、临床试验机构与研究者、伦理委员会任何一方以及有关省级食品药品监督管理部门，根据临床试验安全风险评估情况，认为需要停止临床试验的，均可暂停或终止临床试验，说明理由，告知其他相关方，并报告相关食品药品监督管理部门。

第十五条 总局药品审评中心以纸质和电子两种方式（两种方式均需报告，纸质报告用于存档），接受疫苗临床试验严重不良事件的相关报告，并根据报告情况，必要时提出暂停或终止疫苗临床试验等意见。纸质报告应盖有公章并附临床试验批件复印件。

第十六条 总局依据技术意见作出处理决定。对未按规定报告严重不良事件而损害受试者安全的申办者、临床试验机构和研究者等，依法处理。

卫生院二类疫苗采购管理规章制度

（本文为参考资料）

一、疫苗管理人员应掌握疫苗管理相关法律、法规和贮藏、养护等方面知识，并经过有关培训方可上岗。

二、疫苗采购计划单位应当根据预防接种工作的需要，制定第二类疫苗的购买计划，计划应包括疫苗的品种、数量、供应渠道与供应方式等内容，提前 1 个月上报。

三、疫苗采购

（一）必须从市疾控中心采购疫苗；

（二）接收或购进的疫苗应有法定的批准文号、批签发检验报告书、生产批号、有效期和生产日期；购进进口疫苗的，还应当提供进口药品通关单复印件，并加盖企业印章的证明文件，并保存至超过疫苗有效期 2 年备查；

（三）接收疫苗或购进疫苗时，应查看疫苗的冷藏条件。在规定的冷链要求下运输的疫苗，方可接收；

（四）认真做好疫苗购进验收记录，切实做到票、账、货相符。购进数量、供货单位、购货日期、质量情况（温度）及验收人签名等。购进验收记录的填写，必须真实、完整，不可漏项，并妥善保存 2 年备查。

四、疫苗贮藏与运输

（一）应设有独立的疫苗贮藏室，与生活等区域分开；环境应卫生、整洁、明亮；设有相应的冷藏、防潮、防辐射、防鼠、防盗等设施设备，并达到疫苗贮藏规定的温度；

（二）拆零疫苗应保留原包装及标签，不得同其它拆零疫苗混放；

（三）疫苗应按品种、批号分类码放，并按照失效期长短、进库先后，有计划地分发，分发时应按规定填写出库记录；

（四）报废疫苗需分开存放，并立设明显标志；

五、发现假劣疫苗或质量可疑的疫苗，应当及时报当地药监部门，不得继续销售、使用或作退、换货和销毁处理。

国务院办公厅关于进一步加强疫苗流通和
预防接种管理工作的意见

国办发〔2017〕5号

各省、自治区、直辖市人民政府，国务院各部委、各直属机构：

预防接种是预防控制传染病最经济、最有效的措施，对于保障人民群众生命安全和身体健康具有十分重要的意义。为进一步加强疫苗流通和预防接种管理，确保疫苗质量和接种安全，经国务院同意，现提出以下意见：

一、完善疫苗管理工作机制

（一）健全国家免疫规划疫苗调整机制。国家卫生计生委要建立国家免疫规划专家咨询委员会；根据防病工作需要组织疾病预防控制机构开展疫苗针对疾病监测，综合评估相关疾病负担和疫苗安全性、有效性、卫生经济学评价、生产供应能力等因素，经专家咨询委员会论证通过后，会同财政部提出将有关疫苗纳入或退出国家免疫规划的建议，报国务院批准后公布实施。逐步推动将安全、有效、财政可负担的第二类疫苗纳入国家免疫规划，使群众享受到更加优质的接种服务。

（二）完善预防接种异常反应补偿机制。各地区要加强疑似预防接种异常反应监测和报告工作，提高预防接种异常反应调查诊断及鉴定水平。鼓励建立通过商业保险等形式对预防接种异常反应受种者予以补偿的机制，逐步建立包括基础保险、补充保险在内的多层次保险补偿体系，提高预防接种异常反应补偿效率。在预防接种异常反应补偿保险机制建立前，应当按现有规定开展补偿工作。国家卫生计生委要会同相关部门在总结预防接种异常反应补偿保险试点工作经验的基础上，制定完善预防接种异常反应补偿机制的指导意见。

（三）建立疫苗流通和预防接种管理部际联席会议制度。国家卫生计生委、食品药品监管总局会同相关部门建立疫苗流通和预防接种管理部际联席会议制度，加强政策协调与衔接，及时通报工作进展与信息，共同研究解决存在的突出问题，协同应对重大突发事件，形成工作合力。各省（区、市）要根据本地区实际健全疫苗流通和预防接种管理协调机制。

二、促进疫苗自主研发和质量提升

支持新型疫苗特别是多联多价疫苗的研发和产业化，加强产业技术创新战略联盟等机制建设，通过国家科技计划（专项、基金等）、科技重大专项等科研项目支持符合条件的疫苗研发工作。坚持国家免疫规划疫苗、常规疫苗和应急疫苗等重点疫苗立足国内生产的原则，鼓励和支持国内疫苗生产企业规模化生产，确保重点疫苗的产能储备能够满足重大公共卫生事件应对需要。促进疫苗生产企业提高质量管理水平和规范生产能力，持续提升疫苗产品质量。

三、加强疫苗流通全过程管理

（一）规范疫苗集中采购工作。各地区要尽快将疫苗纳入省级公共资源交易平台，按照公开透明、竞争择优、公平交易的原则实行网上集中采购。省级疾病预防控制机构要汇总本地区第二类疫苗需求，在省级公共资源交易平台通过直接挂网、招标或谈判议价等方式形成合理采购价格，由县级疾病预防控制机构向疫苗生产企业采购后供应给本地区的接种单位。质检总局要加强对出入境预防接种工作的管理，做好出入境人员接种所需疫苗的采购、储存、使用等各项工作。

（二）加强疫苗冷链配送管理。国家卫生计生委、食品药品监管总局要按照《疫苗流通和预防接种管理条例》相关规定，及时修改完善疫苗储存和运输管理规范，指导建立健全疫苗冷链配送管理体系，加强冷链储运过程的规范化管理。省级卫生计生、食品药品监管部门要指导疫苗生产企业选择确有较好冷链储运条件的配送企业，发挥集中配送的效率优势。疫苗生产企业可采取"干线运输+区域仓储+区域配送"的分段接力方式配送疫苗，干线运输可委托专业冷链运输企业，区域仓储和区域配送可委托具备冷链储运条件的配送企业。各省（区、市）人民政府要结合本地区实际研究采取有效措施，确保偏远地区疫苗及时配送。

（三）加强疫苗全程追溯管理。食品药品监管总局要会同国家卫生计生委加快推进疫苗追溯信息系统建设，采取信息化手段，加强疫苗生产、流通和使用全过程追溯管理。国家卫生计生委要依托全民健康保障信息化工程，加快推进全国预防接种信息管理系统建设，逐步实现不同地区预防接种信息的交换与共享。

（四）加强疫苗监管能力建设。各地区要加强食品药品监管部门检查、检验工作力量，推进建立职业化、专业化药品检查员队伍，加强规范化培训，提高检查专业化水平。逐步提高省级药品检验机构的疫苗检验能力。

四、规范预防接种管理

（一）加强第二类疫苗接种统筹管理。省级疾病预防控制机构要根据本地区疾病监测信息和疾病预防控制需要，组织开展第二类疫苗的评价、遴选，提出第二类疫苗使用品目等。县级卫生计生行政部门根据服务人口和服务范围等因素，确定辖区内接种单位，并向社会公布。原则上农村地区实行以乡镇为单位的集中接种模式。要加强社区、乡镇预防接种门诊规范化、信息化建设，严格规范村级接种单位服务行为，不得违规开展预防接种。对于偏远、交通不便地区，要通过加强乡镇卫生院流动服务，提高预防接种的可及性，保证预防接种质量。

（二）加强接种单位规范化建设。各地区要结合本地区实际，依法推进接种单位规范化建设，规范接种单位设置、人员资质、预防接种设施条件、冷链管理、疑似预防接种异常反应监测处理以及预防接种告知、记录、报告和宣传工作等。接种单位应当在接种场所显著位置公示使用的疫苗品种、禁忌、接种方法、一般反应和异常反应，以及第二类疫苗的价格和接种服务收费标准。

（三）强化预防接种能力建设。加强公共卫生医师培训，提高专业技术水平。加强公立医院、乡镇卫生院和社区卫生服务中心预防保健科室（公共卫生科室）建设，充实技术力量，落实预防接种等公共卫生职责。医疗卫生机构承担预防接种职责与任务的医务人员要通过县级卫生计生行政部门组织的预防接种专业培训并考核合格。

（四）加强技术指导和考核评估。卫生计生行政部门要加强预防接种工作考核，并将考核结果作为划拨基本公共卫生服务项目补助资金的重要依据。疾病预防控制机构要加强对基层医疗卫生机构预防接种工作的技术指导，组织开展本地区预防接种工作人员培训。

五、落实保障措施

（一）保障疾病预防控制机构人员编制。各地区、各有关部门要认真落实关于疾病预防控制中心机构编制标准的有关规定，在编制总量范围内，落实各级疾病预防控制机构人员编制。采取公开招聘、培训等措施提高疾病预防控制队伍的整体素质。

（二）建立稳定的疾病预防控制机构投入机制。地方各级人民政府要落实支出责任，根据疾病预防控制事业发展需要和发展建设规划，足额安排疾病预防控制机构基本建设、设备购置特别是冷链系统和信息化建设等发展建设支出。统筹考虑第二类疫苗管理模式变化等因素，科学合理核定疾病预防控制机构的人员经费、公用经费和业务经费，足额列入预算，由同级财政予以保障，服务性收入按收支两条线纳入预算管理。

（三）完善疾病预防控制机构绩效工资制度。根据疾病预防控制机构职业风险高等特点，科学核定疾病预防控制机构绩效工资总量。建立科学合理的绩效考核制度，形成与岗位职责、工作业绩、实际贡献相联系的考核分配机制。按照国家有关规定，落实疾病预防控制人员各项津贴补贴政策。

（四）完善预防接种相关价格政策。各省（区、市）价格主管部门要科学合理核定接种单位第二类疫苗接种服务费标准。各地区要尽快落实本省（区、市）有关规定，做好县级疾病预防控制机构向接种单位收取第二类疫苗储存运输费的相关工作。

（五）加强宣传引导。要充分发挥传统媒体和新媒体的平台作用，强化疫苗流通和预防接种知识的普及宣传，重点宣传预防接种的重要性、安全性、有效性，引导群众参与预防接种工作，提高疫苗接种率。健全预防接种信息发布机制，强化舆情监测，积极回应社会和公众关切，营造良好社会氛围。

六、强化监督检查

各省（区、市）人民政府要结合工作实际制定具体贯彻办法，落实属地管理责任，加强组织领导，将预防接种等疾病预防控制工作情况、对疾病预防控制机构财政政策落实情况等纳入政府考核内容，加大监督检查力度，依法有序做好疫苗流通和预防接种各项工作。国家卫生计生委、食品药品监管总局要会同有关部门加强监督检查，适时开展专项督查，重要情况及时报告国务院。

国务院办公厅

2017 年 1 月 15 日

国家食品药品监管总局、国家卫生计生委 关于进一步加强疫苗流通监管促进疫苗 供应工作的通知

食药监药化监〔2017〕76号

各省、自治区、直辖市食品药品监督管理局、卫生计生委，新疆生产建设兵团食品药品监督管理局、卫生局：

为进一步贯彻落实新修订的《疫苗流通和预防接种管理条例》，规范第二类疫苗（以下称疫苗）冷链储存运输管理，解决疫苗配送过程中的实际问题，保证疫苗供应的可及性，现将有关要求通知如下：

一、规范疫苗储运管理，提高疫苗配送效率

（一）疫苗生产企业、疫苗配送企业、疫苗区域仓储企业储存和运输疫苗应当严格执行《药品经营质量管理规范》《疫苗储存和运输管理规范》的要求；各级疾病预防控制机构、接种单位储存和运输疫苗应当严格执行《疫苗储存和运输管理规范》《预防接种工作规范》的要求。

（二）疫苗生产企业可直接向县级疾病预防控制机构配送疫苗，也可委托具备药品冷链运输条件的企业配送。疫苗配送可采取干线运输+区域仓储+区域配送的分段接力方式。干线运输是指疫苗从疫苗生产企业运输至区域仓储或直接运输至县级疾病预防控制机构的运输过程；区域仓储是指疫苗从疫苗生产企业配送至县级疾病预防控制机构的过程中，发生的冷链储存

活动；区域配送是指疫苗从区域仓储直接配送至县级疾病预防控制机构的过程。

（三）疫苗生产企业应当对疫苗配送企业的配送能力进行评估，严控配送企业数量。在同一省、自治区、直辖市，同一家疫苗生产企业选取疫苗配送企业不得超过 2 家。接受委托配送的企业不得再次委托。

（四）疫苗的区域仓储可使用其他疫苗生产企业的冷库、配送企业的冷库、区域仓储企业的冷库。为保证疫苗的及时供应，疫苗可在产品放行后物权转移前配送至区域仓储冷库。

（五）疫苗生产企业应当严格按照《药品经营质量管理规范》的要求对疫苗配送企业、区域仓储企业的冷链储存、运输条件及执行规范的能力进行实地审计，与配送企业、区域仓储企业签订委托运输、储存合同和质量协议，约定双方责任和义务，明确疫苗质量管理要求。

（六）疫苗生产企业应当在签订委托配送、储存合同之日起 15 个工作日内将疫苗配送、区域仓储等情况向疫苗生产企业、区域仓储、接收疫苗的县级疾病预防控制机构所在地的省级食品药品监管部门报告，企业对报告材料的真实性、合法性负责。报告资料如下：

1. 疫苗生产企业的生产许可证、营业执照、药品批准证明性文件、药品 gmp 证书（进口疫苗代理机构应当提供境外制药厂商的上述相应证明性文件）；

2. 疫苗配送企业和区域仓储企业营业执照、接受食品药品监管部门监督检查承诺书；

3. 疫苗委托配送储存合同、质量协议；

4. 疫苗生产企业对委托配送企业、区域仓储企业的审计报告。

省级食品药品监管部门应当在收到报告材料 10 个工作日内在政府网站公开疫苗生产企业、疫苗品种、疫苗配送企业、区域仓储企业、委托配送和区域仓储合同有效期等相关信息。疫苗生产企业应当同时在企业网站公开上述信息。

（七）疫苗不得与非药品同车混合运输；与其他药品同车混合运输的，应当在运输车内分区放置，防止混淆和交叉污染，确保不因同车混合运输影响疫苗质量。疫苗生产企业、配送企业采用航空方式运输疫苗的，运输过程必须采用符合疫苗温度控制要求的冷藏措施，全程记录运输温度数据，并在配送至县级疾病预防控制机构前完成航空运输温度数据的上传。

二、积极推动疫苗全程追溯体系建设

各疫苗生产企业、配送企业、区域仓储企业、疾病预防控制机构、接种单位应当建立疫苗生产、储存、运输、使用全过程疫苗追溯体系，逐步实现疫苗最小包装单位生产、储存、运输、使用全过程可追溯。

（一）疫苗生产企业、配送企业、区域仓储企业、疾病预防控制机构、接种单位在交接疫苗过程中，双方均应登记疫苗的名称、规格、生产批号、数量、有效期、生产企业、配送企业、运输车牌号、起运和到达时间、运输温度记录等信息，送货人员和收货验收人员应当签字确认。

（二）接种单位在提供预防接种时，应当及时在预防接种证、卡（簿）上记录接种疫苗品种、规格、疫苗批号、接种时间、接种单位、接种人员等信息。

（三）疫苗生产企业、配送企业、区域仓储企业、疾病预防控制机构、接种单位应当采取信息化手段，加快推进疫苗追溯体系建设。

三、加强疫苗有效期管理

疫苗生产企业、配送企业、区域仓储企业、疾病预防控制机构和接种单位要切实加强疫苗的有效期管理，防止过期疫苗进入使用环节。

（一）疫苗生产企业在销售疫苗时，要按照生产日期的先后顺序发货出库，对疫苗的有效期要实施预警管理，无法在有效期内配送至接种单位的疫苗不得进入流通环节。

（二）疫苗生产企业要保证疫苗最小包装单位有效期日期清晰可见。鼓励疫苗生产企业采用钢印加喷墨方式在疫苗最小包装单位上标注生产日期、批号和有效期。

（三）疾病预防控制机构和接种单位应当按照疫苗的种类、有效期分类按序码放疫苗，建立疫苗有效期检查制度，定期查看疫苗有效期，对过期疫苗要隔离存放，并标注"过期"警示标志。过期疫苗由县级疾病预防控制机构统一登记回收，并定期向县级食品药品监管部门报告过期疫苗的品种、批号、数量、生产企业，由县级食品药品监管部门会同同级卫生计生行政部门按照规定监督销毁，做好销毁记录。

四、进一步完善疫苗集中采购工作

（一）各省级疾病预防控制机构应当尽快将疫苗采购纳入省级公共资源交易平台管理，按照公开透明、竞争择优、公平交易的原则实行网上集中采购。接种单位根据预防接种工作需要，制订疫苗采购计划；县级疾病预防控制机构收集汇总行政区域内的疫苗采购计划；省级疾病预防控制机构汇总本地区疫苗需求后，在省级公共资源交易平台通过直接挂网、招标或谈判议价等方式形成合理采购价格。县级疾病预防控制机构按照接种需求和招标结果向疫苗生产企业采购疫苗，采购数量应保障本行政区域内 2—3 个月以上常规使用量，并及时供应给本地区的接种单位。

（二）集团化经营的疫苗生产企业，集团公司可代表所属疫苗生产企业进行统一招投标，代表疫苗生产企业签订购销合同，负责售后服务工作，并承担相应责任。

五、加强疫苗流通监督检查

各级食品药品监管部门应当按照《药品经营质量管理规范》《疫苗储存和运输管理规范》的要求对疫苗生产企业、区域仓储企业、配送企业的干线运输、区域仓储、区域配送进行检查；各级食品药品监管部门、卫生计生行政部门根据各自职能按照《疫苗储存和运输管理规范》对疾病预防控制机构、接种单位的疫苗质量保证、疫苗储存运输管理进行监督检查。

（一）各省级食品药品监管部门应定期安排对疫苗生产企业、配送企业、区域仓储企业的日常检查、专项检查或飞行检查，会同同级卫生计生行政部门对疾病预防控制机构、接种单位实施日常检查、专项检查或飞行检查。重点检查疫苗储存运输过程中的违法违规行为，并按规定对检查结果予以公开。对拒绝、逃避、阻碍、对抗检查的，按照《疫苗流通和预防接种管理条例》《药品医疗器械飞行检查办法》的有关规定进行处理。

（二）疫苗干线运输监督检查由疫苗生产企业所在地市级

以上食品药品监管部门负责；疫苗区域仓储、区域配送监督检查由储存地市级以上食品药品监管部门负责；县级疾病预防控制机构、接种单位疫苗运输、储存等环节的疫苗质量监督检查由县级疾病预防控制机构所在地县级以上食品药品监管部门、卫生计生行政部门负责。疫苗生产、储存、运输、使用各环节所在地药品监管部门应当相互配合监督检查工作。

（三）疫苗生产企业、区域仓储企业、配送企业和疾病预防控制机构、接种单位的违法违规行为按照《中华人民共和国药品管理法》《疫苗流通和预防接种管理条例》及相关规定处理。

各级食品药品监管部门和卫生计生行政部门要紧密配合、密切协作，建立联合监督检查协调工作机制，及时沟通疫苗流通和使用信息，形成工作合力，认真做好疫苗流通和预防接种各项工作。

食品药品监管总局

国家卫生计生委

2017 年 8 月 30 日

国家食品药品监督管理总局办公厅关于
切实加强基层疫苗流通监管工作的通知

食药监办药化监〔2014〕180号

各省、自治区、直辖市食品药品监督管理局，新疆生产建设兵团食品药品监督管理局：

近期，安徽省无为县发生村民接种假人用狂犬病疫苗事件。案件查处过程中，发现存在药品零售企业从业人员违法购销人用狂犬病疫苗、村卫生室违法采购接种人用狂犬病疫苗的行为。为切实加强基层疫苗流通监管，防范药品流通环节风险，现将有关事项通知如下：

一、严禁药品零售企业经营疫苗类产品。《疫苗流通和预防接种管理条例》明确规定，药品零售企业不得从事疫苗经营活动。任何药品零售企业或其从业人员都不得以任何形式从事疫苗的购销、配送等相关活动。

二、开展疫苗经营监督检查。地方各级食品药品监管部门要立即对行政区域内疫苗经营活动开展监督检查，发现药品生产、经营企业违规开展疫苗经营活动的应立即纠正，并按《疫苗流通和预防接种管理条例》相关规定予以处罚；对未经许可违法经营疫苗者按《中华人民共和国药品管理法》第七十三条的规定予以处罚。

三、坚决打击制假黑窝点。发现参与销售假劣疫苗的药品经营企业，必须依法吊销《药品经营许可证》；对涉案个人应当及时移送公安机关追究刑事责任。同时积极配合公安机关追查假劣疫苗来源，协助捣毁地下制假窝点，切断售假网络。

四、即时报告重大监管信息。地方各级食品药品监管部门务必高度重视疫苗流通渠道安全监管工作，将其作为日常监管的重点。在监管工作中发现违法、违规销售疫苗行为的，特别是对生产、销售、使用假劣疫苗行为，必须立即向食品药品监管总局报告，以便采取统一行动。同时注意向同级卫生计生部门通报。

国家食品药品监督管理总局办公厅

2014 年 9 月 26 日

中国防治慢性病中长期规划（2017—2025年）

国务院办公厅关于印发中国防治慢性病

中长期规划（2017—2025年）的通知

国办发〔2017〕12号

各省、自治区、直辖市人民政府，国务院各部委、各直属机构：

《中国防治慢性病中长期规划（2017—2025年）》已经国务院同意，现印发给你们，请认真贯彻执行。

国务院办公厅

2017年1月22日

中国防治慢性病中长期规划（2017—2025年）

为加强慢性病防治工作，降低疾病负担，提高居民健康期望寿命，努力全方位、全周期保障人民健康，依据《"健康中国2030"规划纲要》，制定本规划。

一、规划背景

本规划所称慢性病主要包括心脑血管疾病、癌症、慢性呼吸系统疾病、糖尿病和口腔疾病，以及内分泌、肾脏、骨骼、神经等疾病。慢性病是严重威胁我国居民健康的一类疾病，已成为影响国家经济社会发展的重大公共卫生问题。慢性病的发生和流行与经济、社会、人口、行为、环境等因素密切相关。随着我国工业化、城镇化、人口老龄化进程不断加快，居民生活方式、生态环境、食品安全状况等对健康的影响逐步显现，慢性病发病、患病和死亡人数不断增多，群众慢性病疾病负担日益沉重。慢性病影响因素的综合性、复杂性决定了防治任务的长期性和艰巨性。

近年来，各地区、各有关部门认真贯彻落实党中央、国务院决策部署，深化医药卫生体制改革，着力推进环境整治、烟草控制、体育健身、营养改善等工作，初步形成了慢性病综合防治工作机制和防治服务网络。慢性病防治工作已引起社会各界高度关注，健康支持性环境持续改善，群众健康素养逐步提升，为制定实施慢性病防治中长期规划奠定了重要基础。

二、总体要求

（一）指导思想。

全面贯彻党的十八大和十八届三中、四中、五中、六中全会精神，深入贯彻习近平总书记系列重要讲话精神和治国理政新理念新思想新战略，认真落实党中央、国务院决策部署，统筹推进"五位一体"总体布局和协调推进"四个全面"战略布局，牢固树立和贯彻落实创新、协调、绿色、开放、共享的发展理念，坚持正确的卫生与健康工作方针，以提高人民健康水平为核心，以深化医药卫生体制改革为动力，以控制慢性病危险因素、建设健康支持性环境为重点，以健康促进和健康管理为手段，提升全民健康素质，降低高危人群发病风险，提高患者生存质量，减少可预防的慢性病发病、死亡和残疾，实现由以治病为中心向以健康为中心转变，促进全生命周期健康，提高居民健康期望寿命，为推进健康中国建设奠定坚实基础。

（二）基本原则。

坚持统筹协调。统筹各方资源，健全政府主导、部门协作、动员社会、全民参与的慢性病综合防治机制，将健康融入所有政策，调动社会和个人参与防治的积极性，营造有利于慢性病防治的社会环境。

坚持共建共享。倡导"每个人是自己健康第一责任人"的理念，促进群众形成健康的行为和生活方式。构建自我为主、人际互助、社会支持、政府指导的健康管理模式，将健康教育与健康促进贯穿于全生命周期，推动人人参与、人人尽力、人人享有。

坚持预防为主。加强行为和环境危险因素控制，强化慢性病早期筛查和早期发现，推动由疾病治疗向健康管理转变。加强医防协同，坚持中西医并重，为居民提供公平可及、系统连续的预防、治疗、康复、健康促进等一体化的慢性病防治服务。

坚持分类指导。根据不同地区、不同人群慢性病流行特征和防治需求，确定针对性的防治目标和策略，实施有效防控措施。充分发挥国家慢性病综合防控示范区的典型引领作用，提升各地区慢性病防治水平。

（三）规划目标。

到 2020 年，慢性病防控环境显著改善，降低因慢性病导致的过早死亡率，力争 30—70 岁人群因心脑血管疾病、癌症、慢性呼吸系统疾病和糖尿病导致的过早死亡率较 2015 年降低

10%。到 2025 年，慢性病危险因素得到有效控制，实现全人群全生命周期健康管理，力争 30—70 岁人群因心脑血管疾病、癌症、慢性呼吸系统疾病和糖尿病导致的过早死亡率较 2015 年降低 20%。逐步提高居民健康期望寿命，有效控制慢性病疾病负担。

中国慢性病防治中长期规划（2017—2025 年）主要指标

主要指标	基线	2020 年	2025 年	属性
心脑血管疾病死亡率（1/10 万）	241.3/10 万	下降 10%	下降 15%	预期性
总体癌症 5 年生存率（%）	30.9%	提高 5%	提高 10%	预期性
高发地区重点癌种早诊率（%）	48%	55%	60%	预期性
70 岁以下人群慢性呼吸系统疾病死亡率（1/10 万）	11.96/10 万	下降 10%	下降 15%	预期性
40 岁以上居民肺功能检测率（%）	7.1%	15%	25%	预期性
高血压患者管理人数（万人）	8835	10000	11000	预期性
糖尿病患者管理人数（万人）	2614	3500	4000	预期性
高血压、糖尿病患者规范管理率（%）	50%	60%	70%	预期性
35 岁以上居民年度血脂检测率（%）	19.4%	25%	30%	预期性
65 岁以上老年人中医药健康管理率（%）	45%	65%	80%	预期性
居民健康素养水平（%）	10%	大于 20%	25%	预期性
全民健康生活方式行动县（区）覆盖率（%）	80.9%	90%	95%	预期性
经常参加体育锻炼的人数（亿人）	3.6	4.35	5	预期性

续表

主要指标	基线	2020 年	2025 年	属性
15 岁以上人群吸烟率（%）	27.7%	控制在 25%以内	控制在 20%以内	预期性
人均每日食盐摄入量（克）	10.5	下降10%	下降15%	预期性
国家慢性病综合防控示范区覆盖率（%）	9.3%	15%	20%	预期性

三、策略与措施

（一）加强健康教育，提升全民健康素质。

1. 开展慢性病防治全民教育。建立健全健康教育体系，普及健康科学知识，教育引导群众树立正确健康观。卫生计生部门组织专家编制科学实用的慢性病防治知识和信息指南，由专业机构向社会发布，广泛宣传合理膳食、适量运动、戒烟限酒、心理平衡等健康科普知识，规范慢性病防治健康科普管理。充分利用主流媒体和新媒体开展形式多样的慢性病防治宣传教育，根据不同人群特点开展有针对性的健康宣传教育。深入推进全民健康素养促进行动、健康中国行等活动，提升健康教育效果。到 2020 年和 2025 年，居民重点慢性病核心知识知晓率分别达到 60% 和 70%。

2. 倡导健康文明的生活方式。创新和丰富预防方式，贯彻零级预防理念，全面加强幼儿园、中小学营养均衡、口腔保健、视力保护等健康知识和行为方式教育，实现预防工作的关口前移。鼓励机关、企事业单位开展工间健身和职工运动会、健步走、健康知识竞赛等活动，依托村（居）委会组织志愿者、社会体育指导员、健康生活方式指导员等，科学指导大众开展自我健康管理。发挥中医治未病优势，大力推广传统养生健身法。推进全民健康生活方式行动，开展"三减三健"（减盐、减油、减糖、健康口腔、健康体重、健康骨骼）等专项行动，开发推广健康适宜技术和支持工具，增强群众维护和促进自身健康的能力。

专栏1　健康教育与健康促进项目

> 全民健康生活方式行动："三减三健"（减盐、减油、减糖、健康口腔、健康体重、健康骨骼）等专项行动。
>
> 健康教育：全民健康素养促进行动、健康中国行活动、健康家庭行动。

（二）实施早诊早治，降低高危人群发病风险。

1. 促进慢性病早期发现。全面实施35岁以上人群首诊测血压，发现高血压患者和高危人群，及时提供干预指导。社区卫生服务中心和乡镇卫生院逐步提供血糖血脂检测、口腔预防保健、简易肺功能测定和大便隐血检测等服务。逐步将临床可诊断、治疗有手段、群众可接受、国家能负担的疾病筛检技术列为公共卫生措施。在高发地区和高危人群中逐步开展上消化道癌、宫颈癌等有成熟筛查技术的癌症早诊早治工作。加强健康体检规范化管理，健全学生健康体检制度，推广老年人健康体检，推动癌症、脑卒中、冠心病等慢性病的机会性筛查。将口腔健康检查纳入常规体检内容，将肺功能检查和骨密度检测项目纳入40岁以上人群常规体检内容。

2. 开展个性化健康干预。依托专业公共卫生机构和医疗机构，开设戒烟咨询热线，提供戒烟门诊等服务，提高戒烟干预能力。促进体医融合，在有条件的机构开设运动指导门诊，提供运动健康服务。社区卫生服务中心和乡镇卫生院逐步开展超重肥胖、血压血糖升高、血脂异常等慢性病高危人群的患病风险评估和干预指导，提供平衡膳食、身体活动、养生保健、体质辨识等咨询服务。鼓励慢性病患者和高危人群接种成本效益较好的肺炎、流感等疫苗。加大牙周病、龋病等口腔常见病干预力度，实施儿童局部用氟、窝沟封闭等口腔保健措施，12 岁儿童患龋率控制在 30% 以内。重视老年人常见慢性病、口腔疾病、心理健康的指导与干预。探索开展集慢性病预防、风险评估、跟踪随访、干预指导于一体的职工健康管理服务。

专栏 2　慢性病筛查干预与健康管理项目

早期发现和干预：癌症早诊早治，脑卒中、心血管病、慢性呼吸系统疾病筛查干预，高血压、糖尿病高危人群健康干预，重点人群口腔疾病综合干预。

健康管理：居民健康档案、健康教育、慢性病（高血压、糖尿病等）患者健康管理、老年人健康管理、中医药健康管理。

（三）强化规范诊疗，提高治疗效果。

1. 落实分级诊疗制度。优先将慢性病患者纳入家庭医生签约服务范围，积极推进高血压、糖尿病、心脑血管疾病、肿瘤、慢性呼吸系统疾病等患者的分级诊疗，形成基层首诊、双向转诊、上下联动、急慢分治的合理就医秩序，健全治疗-康复-长期护理服务链。鼓励并逐步规范常见病、多发病患者首先到基层医疗卫生机构就诊，对超出基层医疗卫生机构功能定位和服务能力的慢性病，由基层医疗卫生机构为患者提供转诊服务。完善双向转诊程序，重点畅通慢性期、恢复期患者向下转诊渠道，逐步实现不同级别、不同类别医疗机构之间的有序转诊。

2. 提高诊疗服务质量。建设医疗质量管理与控制信息化平台，加强慢性病诊疗服务实时管理与控制，持续改进医疗质量和医疗安全。全面实施临床路径管理，规范诊疗行为，优化诊疗流程，努力缩短急性心脑血管疾病发病到就诊有效处理的时间，推广应用癌症个体化规范治疗方案，降低患者死亡率。基本实现医疗机构检查、检验结果互认。

（四）促进医防协同，实现全流程健康管理。

1. 加强慢性病防治机构和队伍能力建设。发挥中国疾病预防控制中心、国家心血管病中心、国家癌症中心在政策咨询、标准规范制定、监测评价、人才培养、技术指导等方面作用，在条件成熟地区依托现有资源建设心血管病、癌症等慢性病区域中心，建立由国家、区域和基层中医专科专病诊疗中心构成的中医专科专病防治体系。各地区要明确具体的医疗机构承担对辖区内心脑血管疾病、癌症、慢性呼吸系统疾病、糖尿病等慢性病防治的技术指导。二级以上医院要配备专业人员，履行公共卫生职责，做好慢性病防控工作。基层医疗卫生机构要根据工作实际，提高公共卫生服务能力，满足慢性病防治需求。

2. 构建慢性病防治结合工作机制。疾病预防控制机构、医院和基层医疗卫生机构要建立健全分工协作、优势互补的合作机制。疾病预防控制机构负责开展慢性病及其危险因素监测和流行病学调查、综合防控干预策略与措施实施指导和防控效果考核评价；医院承担慢性病病例登记报告、危重急症病人诊疗工作并为基层医疗卫生机构提供技术支持；基层医疗卫生机构具体实施人群健康促进、高危人群发现和指导、患者干预和随访管理等基本医疗卫生服务。加强医防合作，推进慢性病防、治、管整体融合发展。

3. 建立健康管理长效工作机制。明确政府、医疗卫生机构和家庭、个人等各方在健康管理方面的责任，完善健康管理服务内容和服务流程。逐步将符合条件的癌症、脑卒中等重大慢性病早诊早治适宜技术按规定纳入诊疗常规。探索通过政府购买服务等方式，鼓励企业、公益慈善组织、商业保险机构等参与慢性病高危人群风险评估、健康咨询和健康管理，培育以个性化服务、会员制经营、整体式推进为特色的健康管理服务产业。

（五）完善保障政策，切实减轻群众就医负担。

1. 完善医保和救助政策。完善城乡居民医保门诊统筹等相关政策，探索基层医疗卫生机构对慢性病患者按人头打包付费。完善不同级别医疗机构的医保差异化支付政策，推动慢性病防治工作重心下移、资源下沉。发展多样化健康保险服务，鼓励有资质的商业保险机构开发与基本医疗保险相衔接的商业健康保险产品，开展各类慢性病相关保险经办服务。按规定对符合条件的患慢性病的城乡低保对象、特困人员实施医疗救助。鼓励基金会等公益慈善组织将优质资源向贫困地区和农村延伸，开展对特殊人群的医疗扶助。

2. 保障药品生产供应。做好专利到期药物的仿制和生产，提升仿制药质量，优先选用通过一致性评价的慢性病防治仿制药，对于国内尚不能仿制的，积极通过药品价格谈判等方法，合理降低采购价格。进一步完善基本药物目录，加强二级以上医院与基层医疗卫生机构用药衔接。发挥社会药店在基层的药品供应保障作用，提高药物的可及性。老年慢性病患者可以由家庭签约医生开具慢性病长期药品处方，探索以多种方式满足患者用药需求。发挥中医药在慢性病防治中的优势和作用。

（六）控制危险因素，营造健康支持性环境。

1. 建设健康的生产生活环境。推动绿色清洁生产，改善作业环境，严格控制尘毒危害，强化职业病防治，整洁城乡卫生，优化人居环境，加强文化、科教、休闲、健身等公共服务设施建设。建设健康步道、健康主题公园等运动健身环境，提高各类公共体育设施开放程度和利用率，推动有条件的学校体育场馆设施在课后和节假日对本校师生和公众有序开放，形成覆盖城乡、比较健全的全民健身服务体系，推动全民健身和全民健康深度融合。坚持绿色发展理念，强化环境保护和监管，落实大气、水、土壤污染防治行动计划，实施污染物综合控制，持续改善环境空气质量、饮用水水源水质和土壤环境质量。建立健全环境与健康监测、调查、风险评估制度，降低环境污染对健康的影响。

2. 完善政策环境。履行《烟草控制框架公约》，推动国家层面公共场所控制吸烟条例出台，加快各地区控烟立法进程，加大控烟执法力度。研究完善烟草与酒类税收政策，严格执行不得向未成年人出售烟酒的有关法律规定，减少居民有害饮酒。加强食品安全和饮用水安全保障工作，推动营养立法，调整和优化食物结构，倡导膳食多样化，推行营养标签，引导企业生产销售、消费者科学选择营养健康食品。

3. 推动慢性病综合防控示范区创新发展。以国家慢性病综合防控示范区建设为抓手，培育适合不同地区特点的慢性病综合防控模式。示范区建设要紧密结合卫生城镇创建和健康城镇建设要求，与分级诊疗、家庭医生签约服务相融合，全面提升示范区建设质量，在强化政府主体责任、落实各部门工作职责、提供全人群全生命周期慢性病防治管理服务等方面发挥示范引领作用，带动区域慢性病防治管理水平整体提升。

专栏 3　健康支持性环境建设项目

> 健康环境建设：大气污染防治、污水处理、重点流域水污染防治等环保项目，卫生城镇创建、健康城镇建设，慢性病综合防控示范区建设。
>
> 危险因素控制：减少烟草危害行动、贫困地区儿童营养改善项目、农村义务教育学生营养改善计划。

（七）统筹社会资源，创新驱动健康服务业发展。

1. 动员社会力量开展防治服务。鼓励、引导、支持社会力量举办的医疗、体检、养老和养生保健机构以及基金会等公益慈善组织、商业保险机构、行业协会学会、互联网企业等通过竞争择优的方式，参与所在区域医疗服务、健康管理与促进、健康保险以及相关慢性病防治服务，创新服务模式，促进覆盖全生命周期、内涵丰富、结构合理的健康服务业体系发展。建立多元化资金筹措机制，拓宽慢性病防治公益事业投融资渠道，鼓励社会资本投向慢性病防治服务和社区康复等领域。

2. 促进医养融合发展。促进慢性病全程防治管理服务与居家、社区、机构养老紧密结合。深入养老机构、社区和居民家庭开展老年保健、老年慢性病防治和康复护理，维护和促进老年人功能健康。支持有条件的养老机构设置医疗机构，有条件的二级以上综合医院和中医医院设置老年病科，增加老年病床数量，为老年人就医提供优先便利服务。加快推进面向养老机构的远程医疗服务试点。鼓励基层医疗卫生机构与老年人家庭建立签约服务关系，开展上门诊视、健康查体、健康管理、养生保健等服务。

3. 推动互联网创新成果应用。促进互联网与健康产业融合，发展智慧健康产业，探索慢性病健康管理服务新模式。完善移动医疗、健康管理法规和标准规范，推动移动互联网、云计算、大数据、物联网与健康相关产业的深度融合，充分利用信息技术丰富慢性病防治手段和工作内容，推进预约诊疗、在线随访、疾病管理、健康管理等网络服务应用，提供优质、便捷的医疗卫生服务。

（八）增强科技支撑，促进监测评价和研发创新。

1. 完善监测评估体系。整合单病种、单因素慢性病及其危险因素监测信息，实现相关系统互联互通。健全死因监测和肿瘤登记报告制度，建立国家、省级和区域慢性病与营养监测信息网络报告机制，逐步实现重点慢性病发病、患病、死亡和危险因素信息实时更新，定期发布慢性病相关监测信息。以地市为单位，基本摸清辖区内主要慢性病状况、影响因素和疾病负担。开展营养和慢性病危险因素健康干预与疾病管理队列研究。运用大数据等技术，加强信息分析与利用，掌握慢性病流行规律及特点，确定主要健康问题，为制定慢性病防治政策与策略提供循证依据。加强水、土壤、空气等环境介质和工作场所等环境质量、农产品质量安全监测，逐步实现跨行业跨部门跨层级的纵向报告和横向交换，动态实施环境、食物等因素与健康的风险评估与预警。

2. 推动科技成果转化和适宜技术应用。系统加强慢性病防治科研布局，推进相关科研项目。进一步加强国家临床医学研究中心和协同创新网络建设，完善重大慢性病研究体系。以信息、生物和医学科技融合发展为引领，加强慢性病防治基础研究、应用研究和转化医学研究。统筹优势力量，推进慢性病致病因素、发病机制、预防干预、诊疗康复、医疗器械、新型疫苗和创新药物等研究，重点突破精准医疗、"互联网+"健康医疗、大数据等应用的关键技术，支持基因检测等新技术、新产品在慢性病防治领域推广应用。针对中医药具有优势的慢性病病种，总结形成慢性病中医健康干预方案并推广应用。结合慢性病防治需求，遴选成熟有效的慢性病预防、诊疗、康复保健适宜技术，加快成果转化和应用推广。开展慢性病社会决定因素与疾病负担研究，探索有效的慢性病防控路径。在专业人才培养培训、信息沟通及共享、防治技术交流与合作、能力建设等方面积极参与国际慢性病防治交流与合作。

专栏 4　慢性病科技支撑项目

> 慢性病监测：疾病监测（慢性病与营养监测、死因监测、肿瘤随访登记）；环境健康危害因素监测（城乡饮用水卫生监测、农村环境卫生监测、公共场所健康危害因素监测、空气污染等对人群健康影响监测、人体生物监测）；重点人群健康监测（学生健康危害因素和常见病监测）。
>
> 慢性病科技重大项目和工程：健康保障重大工程，国家科技重大专项"重大新药创制"专项，国家重点研发计划"精准医学研究"、"重大慢性非传染性疾病防控研究"等重点专项有关内容。
>
> 科技成果转化和适宜技术应用：健康科技成果转移转化行动、基层医疗卫生服务适宜技术推广。

四、保障措施

（一）强化组织领导。各地区要将慢性病防治作为健康中国建设和深化医药卫生体制改革的重点内容，纳入地方重要民生工程，确定工作目标和考核指标，制定本地区慢性病防治规划及实施方案，强化组织实施，建立健全慢性病防治工作协调机制，定期研究解决慢性病防治工作中的重大问题。

（二）落实部门责任。卫生计生部门要会同有关部门共同组织实施本规划并开展监督评估。发展改革部门要将慢性病防治列入经济社会发展规划，加强慢性病防治能力建设。财政部门要按照政府卫生投入政策要求落实相关经费。人力资源社会保障部门和卫生计生部门要进一步完善门诊相关保障政策和支付机制，发挥医保控费作用。国务院防治重大疾病工作部际联席会议办公室要发挥统筹协调作用，推动教育、科技、工业和信息化、民政、环境保护、住房城乡建设、农业、商务、新闻出版广电、体育、安全监管、食品药品监管、中医药等部门履行职责，形成慢性病防治工作合力。

（三）加强人才培养。完善有利于人才培养使用的政策措施，加强健康教育、健康管理、医疗、公共卫生、护理、康复及中医药等领域人才培养。加强医教协同，深化院校教育改革，加强对医学生慢性病防治相关知识和能力的教育培养，支持高校设立健康促进、健康管理等相关专业，加强有针对性的继续医学教育，着力培养慢性病防治复合型、实用型人才。完善专业技术职称评定制度，促进人才成长发展和合理流动。

（四）营造良好氛围。各地区、各部门要广泛宣传党和国家关于维护促进人民健康的重大战略思想和方针政策，宣传实施慢性病综合防控战略的重大意义、目标任务和策略措施。要加强正面宣传、舆论监督、科学引导和典型报道，增强社会对慢性病防治的普遍认知，形成全社会关心支持慢性病防治的良好氛围。

五、督导与评估

国家卫生计生委要会同有关部门制定本规划实施分工方案，各相关部门要各负其责，及时掌握工作进展，定期交流信息，联合开展督查和效果评价，2020年对规划实施情况进行中期评估，2025年组织规划实施的终期评估。各地区要建立监督评价机制，组织开展规划实施进度和效果评价，将规划实施情况作为政府督查督办的重要事项，推动各项规划目标任务落实。

中国遏制与防治艾滋病"十三五"行动计划

国务院办公厅关于印发

中国遏制与防治艾滋病"十三五"行动计划的通知

国办发〔2017〕8号

各省、自治区、直辖市人民政府，国务院各部委、各直属机构：

《中国遏制与防治艾滋病"十三五"行动计划》已经国务院同意，现印发给你们，请认真贯彻执行。

国务院办公厅

2017年1月19日

中国遏制与防治艾滋病"十三五"行动计划

为落实《"健康中国2030"规划纲要》和深化医药卫生体制改革部署，进一步推进艾滋病防治工作，切实维护广大人民群众身体健康，制定本行动计划。

一、防治现状

"十二五"期间，各地区、各部门认真贯彻党中央、国务院决策部署，落实艾滋病防治各项措施，取得了显著进展。艾滋病检测力度持续加大，经注射吸毒传播、输血传播和母婴传播得到有效控制，艾滋病病毒感染者和病人（以下简称感染者和病人）发现率提高68.1%，病死率降低57.0%，重点地区疫情快速上升势头得到基本遏制，全国整体疫情控制在低流行水平，受艾滋病影响人群生活质量不断提高，社会歧视进一步减轻，基本实现了《中国遏制与防治艾滋病"十二五"行动计划》总体目标。

目前，我国艾滋病流行形势依然严峻，防治工作中新老问题和难点问题并存，防治任务更加艰巨。尚有一定数量的感染者和病人未被检测发现，性传播成为最主要传播途径，男性同性性行为人群感染率持续升高，青年学生感染人数增加较快，卖淫嫖娼等违法犯罪活动、合成毒品滥用及不安全性行为在一定范围存在等诸多因素加大了艾滋病传播风险，社交新媒体的普遍使用增强了易感染艾滋病行为的隐蔽性，人口频繁流动增加了预防干预难度。部分地区和部门对防治工作重视不足，政策落实不到位，防治技术手段有限，防治能力尚不能满足工作需要，社会组织等社会力量参与防治的作用发挥还不够充分，仍需要长期不懈做好艾滋病防治各项工作。

二、总体要求

（一）指导思想。全面贯彻党的十八大和十八届三中、四中、五中、六中全会精神，深入学习贯彻习近平总书记系列重要讲话精神，紧紧围绕统筹推进"五位一体"总体布局和协调推进"四个全面"战略布局，认真落实党中央、国务院决策部署，牢固树立和贯彻落实创新、协调、绿色、开放、共享的发展理念，坚持正确的卫生与健康工作方针，全面落实法定防治职责，巩固当前防治成果，充分利用新技术、新方法，进一步提高防治成效，不断降低艾滋病疫情流行水平，保障人民群众身体健康，奋力推进健康中国建设。

（二）工作原则。坚持政府组织领导、部门各负其责、全社会共同参与；坚持预防为主、防治结合、依法防治、科学防治；坚持综合治理、突出重点、分类指导。

（三）工作目标。最大限度发现感染者和病人，有效控制性传播，持续减少注射吸毒传播、输血传播和母婴传播，进一步降低病死率，逐步提高感染者和病人生存质量，不断减少社会歧视，将我国艾滋病疫情继续控制在低流行水平。

1. 居民艾滋病防治知识知晓率达85%以上。流动人口、青年学生、监管场所被监管人员等重点人群以及易感染艾滋病危险行为人群防治知识知晓率均达90%以上。

2. 男性同性性行为人群艾滋病相关危险行为减少10%以上，其他性传播危险行为人群感染率控制在0.5%以下。参加戒毒药物维持治疗人员年新发感染率控制在0.3%以下。

3. 夫妻一方感染艾滋病家庭的配偶传播率下降到1%以下。艾滋病母婴传播率下降到4%以下。

4. 经诊断发现并知晓自身感染状况的感染者和病人比例达90%以上。符合治疗条件的感染者和病人接受抗病毒治疗比例达90%以上，接受抗病毒治疗的感染者和病人治疗成功率达90%以上，累计接受中医药治疗的人数比2015年增加一倍。

三、防治措施

（一）提高宣传教育针对性，增强公众艾滋病防治意识。加强艾滋病防治宣传教育，根据不同人群特点，开发适宜的宣传材料，提高信息针对性和可接受性。充分发挥社会公众人物影响和互联网、微博、微信等新媒体作用，开展艾滋病疫情信息交流与警示、感染风险评估、在线咨询等活动，增强宣传效果。

1. 深入开展大众人群宣传教育。强化社会主义核心价值观宣传，弘扬中华民族传统美德，引导大众自觉抵制卖淫嫖娼等社会丑恶现象，营造不歧视感染者和病人的社会氛围。宣传、网信、新闻出版广电、卫生计生等部门要充分发挥新闻媒体作用，指导将艾滋病防治宣传列入日常工作计划，每月至少开展1次艾滋病防治公益宣传。各级党校、行政学院、团校等要让学员在校期间接受艾滋病防治知识和政策专题培训。民族事务管理、文化、农业、科技等部门要结合少数民族风俗习惯和社会主义新农村建设以及支农、惠农等活动，开展艾滋病防治宣传教育工作。居（村）民委员会要利用城乡社区综合服务设施，采取大众喜闻乐见的方式开展艾滋病防治宣传，引导健全村规民约，倡导公序良俗。工会、共青团、妇联、红十字会、工商联等单位要深入开展"职工红丝带健康行动"、"青春红丝带"、"妇女'面对面'宣传教育"和"红丝带健康包"等专项行动。

2. 持续加强重点人群宣传教育。对于流动人口、青年学生、老年人、出国劳务人员、监管场所被监管人员等重点人群，应当强化艾滋病感染风险及道德法治教育，提高自我防护能力，避免和减少易感染艾滋病行为。教育、卫生计生和共青团等部门和单位要将性道德、性责任、预防和拒绝不安全性行为作为教育重点，督促学校落实预防艾滋病专题教育任务，积极发挥学生社团、青年志愿者和学生家长的作用，加强学校预防艾滋病和性健康的宣传教育。建立健全学校艾滋病疫情通报制度和定期会商机制，开展高校预防艾滋病教育试点工作并逐步推广。卫生计生、民政、工商和工商联等部门和单位要重点加强流动人口集中的用工单位和居住社区的艾滋病防治宣传工作。人力资源社会保障部门要将艾滋病防治宣传纳入农村劳动力转移培训等职业培训内容。交通运输、质检等部门要利用机场、车站、码头、口岸等场所进行多种形式的艾滋病防治宣传。公安、司法行政等部门要将艾滋病防治宣传纳入监管场所教育内容。公安、司法行政、卫生计生、食品药品监管等部门要将预防艾滋病与禁毒工作相结合，加强合成毒品和滥用物质危害的宣传教育。民政、文化、卫生计生等部门要进一步丰富老年人业余文化生活。

（二）提高综合干预实效性，有效控制性传播和注射吸毒传播。

1. 强化社会综合治理。要依法严厉打击卖淫嫖娼、聚众淫乱、吸毒贩毒等违法犯罪活动，加大城乡结合部、农村等薄弱地区打击力度，依法从重处罚容留与艾滋病传播危险行为相关活动的场所和人员。公安部门要落实与艾滋病有关案件的举报和立案处理程序，严厉打击利用感染者身份的违法犯罪活动。公安、卫生计生、食品药品监管等部门要密切监测药物滥用情况，及时将易促进艾滋病传播的滥用物质纳入合成毒品管控范围，依法打击滥用物质的生产、流通和使用行为。宣传、文化、公安、新闻出版广电、网信及通信主管部门要加强网络管理，结合打击网络传播淫秽色情信息等专项行动，及时清理传播色情信息、从事色情和毒品交易的网络平台和社交媒体。

2. 着力控制性传播。加强易感染艾滋病危险行为人群的警示教育和法制宣传，突出疫情和危害严重性、有效防治措施等，促使其避免和减少易感染艾滋病危险行为。工商、质检、旅游、文化、卫生计生等部门要全面落实宾馆等公共场所摆放安全套有关规定，采取措施提高安全套可及性和使用率。男性同性性传播疫情上升较快的大中城市应加强疫情和危险因素监测，开展信息互通、协同干预等联防联控工作，采取医学、心理、社会、文化等手段，探索适合国情的综合干预策略。卫生计生部门要对夫妻一方感染艾滋病家庭全面实施综合干预措施，降低家庭内传播。要加强性病防治，及时对性病病人进行规范化诊断治疗，为性病就诊者提供艾滋病检测咨询服务，对感染者和病人开展性病筛查。

3. 持续减少注射吸毒传播。保持禁毒工作的高压态势，进一步减缓新吸毒人员的增加速度，将艾滋病防治与禁毒工作紧密结合，减少注射吸毒传播艾滋病。公安、卫生计生、司法行政、民政、人力资源社会保障等部门要创新吸毒人员服务管理，最大限度地有效管控吸毒人员，开展针对性的戒毒治疗、康复指导和救助服务，帮助他们戒断毒瘾回归社会。对于适合戒毒药物维持治疗的吸毒人员，应当及时转介到戒毒药物维持治疗机构。卫生计生、公安、食品药品监管等部门要进一步做好戒毒药物维持治疗工作的组织协调、信息交流和监督管理，维护治疗机构秩序，提高服务质量和防治效果。注射吸毒人员相对集中地区应当根据实际情况，增设戒毒药物维持治疗门诊或延伸服药点。戒毒药物维持治疗难以覆盖的地区应当继续开展清洁针具交换工作。

（三）提高检测咨询可及性和随访服务规范性，最大限度发现感染者和减少传播。

1. 扩大检测服务范围。卫生计生、质检、公安、司法行政、发展改革、财政等部门要支持进一步健全实验室网络，构建布局合理、方便快捷的艾滋病自愿咨询检测网络，根据需要设置艾滋病确证检测实验室，提高检测能力。县级以上医疗机构、妇幼保健机构、疾病预防控制机构应当具备实验室艾滋病检测能力，疫情严重地区的社区卫生服务机构和乡镇卫生院应当具备快速检测能力。各地级市和疫情严重的县（市、区）应当具备确证检测能力。有条件的监管场所和检验检疫机构应当设立艾滋病检测实验室或快速检测点。检测机构要主动为有感染艾滋病风险人员提供检测咨询服务。疫情严重地区要将艾滋病、性病检测咨询纳入婚前自愿医学检查和重点公共场所服务人员健康体检。公安、司法行政、卫生计生部门要加强合作，为打击卖淫嫖娼、聚众淫乱、吸毒贩毒活动中抓获人员以及监管场所被监管人员提供艾滋病检测服务。检测机构要创新服务方式，强化主动服务意识，通过网络、电话预约等多种手段，方便有意愿人群接受检测服务。探索通过药店、网络销售检测试剂等方式开展艾滋病自我检测，建立健全与随访服务等工作衔接的机制。

2. 提高随访服务质量。卫生计生部门要按照常住地管理原则，组织疾病预防控制机构、医疗机构、基层医疗卫生机构和社会组织开展随访服务。要切实提高首次随访工作质量，强化对感染者和病人的心理支持、行为干预及检测、医学咨询和转介等工作，告知其合法权益、责任义务和相关政策法规，督促他们及时将感染情况告知与其有性关系者，并动员开展检测。结合定期随访工作，对感染者和病人的行为及健康状况进行科学评估，提供针对性的随访干预服务。做好流动感染者和病人随访服务，建立健全流出地、流入地疾病预防控制机构转介机制。公安、司法行政、卫生计生等部门要做好监管场所感染者和病人告知及医学咨询、心理支持、出入监管场所转介等随访服务。卫生计生、外交、教育、公安、质检、外专等部门要完善对在华外籍感染者的宣传教育、检测咨询、随访干预、治疗管理等相关防治政策。

3. 加强疫情监测研判。医疗卫生机构要严格依法及时报告艾滋病疫情。卫生计生部门要根据艾滋病疫情和危险因素情况，及时调整、优化监测点设置，加强数据收集，提高监测数据质量。质检部门要对出入境人员开展艾滋病监测，及时向卫生计生部门通报疫情。卫生计生部门要强化艾滋病疫情和耐药监测、信息分析和利用，及时向有关部门提供相关信息，为科学决策提供依据，做好疫情和政务信息公开，回应社会关切。

（四）全面落实核酸检测和预防母婴传播工作，持续减少输血传播和母婴传播。

1. 落实血液筛查核酸检测工作。卫生计生、发展改革、财政等部门要完善血站服务体系，合理规划设置血站核酸检测实验室，供应临床的血液全部按规定经过艾滋病病毒、乙肝病毒、丙肝病毒核酸检测。做好核酸检测实验室质量控制，加强信息化建设，有效降低血液残余风险度。建立健全无偿献血长效工作机制，提高固定无偿献血者比例，采取有效措施减少易感染艾滋病危险行为人群献血。公安、卫生计生等部门要依法严厉打击非法采供血液（血浆）和组织他人出卖血液（血浆）活动。出入境检验检疫机构要加强对入出境人体组织、血液、血液制品和生物制品检疫。卫生计生部门要加强对各类医疗卫生机构院内感染控制的培训和管理，做好艾滋病职业暴露处置和调查工作，加强工作人员安全防护。

2. 落实预防母婴传播工作。卫生计生部门要以妇幼健康服务网络为平台，将预防艾滋病、梅毒和乙肝母婴传播工作与妇幼健康服务工作有机结合，重点提高经济发展落后、偏远、少数民族地区开展预防母婴传播服务的能力，促进孕产妇及时接受孕期检查和住院分娩，在预防母婴传播工作全面覆盖的基础上提高服务质量。医疗卫生机构应当结合婚前保健、孕前保健、孕产期保健、儿童和青少年保健、性病防治等常规医疗保健服务开展预防艾滋病、梅毒和乙肝母婴传播的健康教育和咨询指导，引导新婚人群、孕产妇尽早接受相关检测，对感染艾滋病、梅毒和乙肝的孕产妇及所生儿童提供治疗、预防性用药、监测、随访、转介等系列干预服务。

（五）全面落实救治救助政策，挽救感染者和病人生命并提高生活质量。

1. 全力推进抗病毒治疗工作。卫生计生部门要对有意愿且无治疗禁忌症的感染者和病人实施抗病毒治疗。按照就近治疗原则，科学合理设置抗病毒治疗定点医疗机构，优化艾滋病检测、咨询、诊断、治疗等工作流程，提高感染者和病人治疗可及性和及时性。疫情严重地区要推广从诊断到治疗"一站式"服务。抗病毒治疗定点医疗机构要严格执行有关诊疗指南，进一步规范治疗管理，加强耐药检测和病情监测，及时更换药物和处理药物不良反应，提高治疗质量和效果。要加强感染者和病人中结核病等机会性感染疾病的筛查、诊断和治疗工作。传染病防治机构、公共卫生机构、承担感染者和病人综合医疗服务的定点医疗机构等要建立健全与抗病毒治疗定点医疗机构的转诊制度，保障感染者和病人得到及时、规范的抗病毒治疗。加强流动人口中感染者和病人治疗工作，探索建立异地治疗工作机制和保障机制。公安、司法行政、卫生计生等部门要密切配合，为监管场所内符合条件的感染者和病人提供规范化治疗。

2. 逐步扩大中医药治疗规模。中医药、卫生计生等部门要充分发挥中医药在防治艾滋病工作中的作用，健全中医药参与艾滋病防治诊疗工作机制，研究形成中西医综合治疗方案，扩大中医药治疗覆盖面。疫情严重地区和有较好工作基础地区要开展中西医综合治疗试点，逐步扩大试点规模。

3. 加强合法权益保障。要依法保障感染者和病人就医、就业、入学等合法权益。卫生计生部门要根据艾滋病疫情变化，适时调整承担综合医疗服务工作的定点医疗机构。疫情严重地区要适当增加定点医疗机构数量，优化布局，保障感染者和病人就医需要。医疗卫生机构要强化首诊（问）负责制，对诊疗服务中发现的感染者和病人，做好接诊、转诊和相关处置工作，不得以任何理由推诿或者拒绝诊治。民政、人力资源社会保障、卫生计生、财政等部门要认真落实社会保障政策，加强相关社会福利、社会保险、社会救助等政策衔接，确保感染者和病人基本医疗、基本养老、基本生活保障等权益。教育、卫生计生等部门要密切配合，保障受艾滋病影响儿童接受教育的合法权益。

4. 强化救助政策落实。要建立孤儿基本生活最低养育标准自然增长机制，为艾滋病致孤儿童和感染儿童及时、足额发放基本生活费，并加强规范管理和信息化建设，鼓励有条件地区为受艾滋病影响儿童提供必要保障。民政、卫生计生、红十字会、工商联等部门和单位要加强对生活困难感染者和病人生活救助，将政府救助与社会关爱相结合，加强对感染者和病人爱心帮扶、情感支持、临终关怀等工作。扶贫、卫生计生等部门要将艾滋病防治与扶贫开发相结合，按照精准扶贫要求，对艾滋病疫情严重的贫困地区加大扶贫开发力度，支持符合扶贫条件、有劳动能力的感染者和病人开展力所能及的生产活动，共享经济和社会发展成果。公安、司法行政、卫生计生、民政等部门要做好违法犯罪感染者和病人回归社会后的治疗、救助等衔接工作。

（六）全面落实培育引导措施，激发社会组织参与活力。

1. 发挥社会组织独特优势。要按照创新社会治理体制总体要求，发挥社会组织易于接触特殊人群、工作方式灵活等优势，将社会力量参与艾滋病防治工作纳入整体防治工作计划。卫生计生、财政、民政等部门要鼓励、支持社会组织在易感染艾滋病危险行为人群干预、感染者和病人随访服务、关怀救助等领域开展工作。医疗卫生机构要与社会组织密切合作，加强技术指导，建立信息沟通、业务考核等工作制度，实现防治工作有效衔接。社会组织应当在医疗卫生机构指导下，在易感染艾滋病危险行为人群中开展健康教育、安全套推广、艾滋病咨询和动员检测、艾滋病性病诊疗和戒毒药物维持治疗转介等服务，在感染者和病人中开展心理支持、安全性行为教育和治疗依从性教育等服务，动员感染者和病人的配偶或与其有性关系者主动检测。

2. 发挥社会组织参与艾滋病防治基金引导作用。卫生计生、财政、民政等部门要通过多渠道筹资，扩大社会组织参与艾滋病防治基金规模并完善管理。依据公平、公开、公正原则，通过择优竞争方式，支持具备条件、信誉良好的社会组织开展工作，发挥社会组织孵化基地的作用，培育并支持社区社会组织参与艾滋病防治工作。加强基金项目管理，建立监督评价机制，确保资金安全，提高项目成效。要组织、动员和支持社会组织申请基金项目，合理设置社会组织孵化基地，加强培训和扶持，促进符合条件的社会组织登记，强化对社会组织的监督与管理，逐步提高社会组织参与艾滋病防治的工作能力。要引导社会组织不断加强自身能力建设，积极申请地方政府的购买艾滋病防治服务项目，并做好项目实施。

3. 动员社会力量广泛参与。发挥工会、共青团、妇联、红十字会、工商联等单位在艾滋病防治工作中的作用。制定并实施优惠政策，动员和支持企业、基金会、有关组织和志愿者开展与艾滋病防治相关的社会宣传、捐款捐物、扶贫救助等公益活动。

四、保障措施

（一）强化组织领导，落实防治责任。各地区要对本行政区域内的艾滋病综合防治工作负总责，进一步加强组织领导，将防治工作纳入政府工作重要议事日程和考核内容，制定符合本地区疫情特点和工作实际的防治规划，定期分析和研判艾滋病流行形势，落实管理责任制，明确部门职责、工作目标和工作任务。要充分发挥地方各级防治艾滋病工作委员会等协调机制作用，加强对防治工作的统筹协调，形成防治合力。疫情严重地区要实行政府一把手负责制，进一步完善艾滋病防治工作机制，有效控制疫情。要认真开展艾滋病综合防治示范区建设工作，探索适合我国不同流行水平、不同传播特点的工作模式，着力解决重点难点问题，增强防治效果。各有关部门要落实防治职责，将艾滋病防治纳入本部门日常工作，制定年度工作计划，建立考核制度。

（二）加强队伍建设，提高防治能力。各地区要根据本地艾滋病防治需要，进一步优化医院、基层医疗卫生、疾病预防控制、妇幼保健、采供血等机构的职责分工和衔接机制，提高整体防治水平。加强艾滋病防治专业队伍建设，提高疾病预防控制机构的疫情分析研判和防治效果评价能力，配齐配强专业人员，加强培训，提高防治能力。要完善承担艾滋病防治任务定点医院补偿机制，按照国家有关规定，落实艾滋病防治人员卫生防疫津贴、医疗卫生津贴等特殊岗位津贴补贴，在绩效工资分配上适当进行倾斜，为防治队伍正常履职尽责提供保障。

（三）加大投入力度，保障防治经费和药品供应。各级政府要根据卫生投入政策，合理安排艾滋病防治经费，逐步加大投入力度，提高资金使用效益。要探索通过政府购买服务等方式支持开展艾滋病防治工作。卫生计生、财政、发展改革等部门要对疫情严重地区、中西部贫困地区的艾滋病防治工作给予重点支持，对中医药治疗艾滋病工作给予扶持。卫生计生、工业和信息化、科技、商务、食品药品监管、知识产权、发展改革、中医药等部门要建立会商机制，加强艾滋病防治药物研发，促进专利实施与运用，加快注册审批，保障药品生产供应。卫生计生、财政、税务、海关等部门要依据相关政策规定适时调整免费抗病毒治疗药品目录，落实相关税收优惠政策。

逐步将艾滋病药品采购纳入公共资源交易平台，通过招标采购或国家药品价格谈判机制完善采购供应模式，创新支付、配送服务方式，确保价格合理、配送及时、保障供应、质量安全。

（四）加强科研与国际合作，提升防治水平。科技、卫生计生等部门要按照科技计划管理改革要求，统筹研究部署艾滋病相关重点科研工作。结合"艾滋病和病毒性肝炎等重大传染病防治"、"重大新药创制"科技重大专项和自然科学基金项目等实施，组织科研攻关，重点开展艾滋病疫苗、新型诊断试剂及耐药检测技术、预防母婴传播技术及易感染艾滋病危险行为人群感染预防控制策略、创新药物及二线药物仿制、临床及中西医综合治疗方案优化等研究，力争在防控关键环节取得突破。加大以问题为导向的应用性研究力度，加快成果转化及推广应用，为防治工作提供技术支撑。卫生计生等部门要加强国际合作，借鉴和吸收国际先进理念和防治经验。建立健全与周边国家的合作机制，及时交流疫情及防控信息，共同做好边境地区艾滋病防治工作。开展与国际组织、其他发展中国家的合作交流，通过提供技术支持等方式，推广中国艾滋病防治经验，扩大国际影响。

五、督导与评估

国务院防治艾滋病工作委员会办公室要制订本行动计划督导与评估方案，组织相关部门开展督导检查，在"十三五"末组织或委托第三方开展评估工作。各地区、各有关部门要对本行动计划实施进展、质量和成效进行督导与评估，将重点任务落实情况作为督查督办的重要事项，确保本行动计划各项任务得到贯彻落实。

"十三五"全国结核病防治规划

国务院办公厅关于印发"十三五"
全国结核病防治规划的通知
国办发〔2017〕16 号

各省、自治区、直辖市人民政府，国务院各部委、各
直属机构：

《"十三五"全国结核病防治规划》已经国务院
同意，现印发给你们，请认真贯彻执行。

国务院办公厅
2017 年 2 月 1 日

"十三五"全国结核病防治规划

为进一步减少结核病危害，加快推进健康中国建设，根据
《中华人民共和国传染病防治法》，结合深化医改要求，制定本
规划。

一、防治现状

结核病以肺结核为主，是严重危害人民群众身体健康的重
大传染病之一。"十二五"期间，各地区、各有关部门认真贯
彻党中央、国务院决策部署，依法履行结核病防治职责，落实
各项防治措施，进一步健全结核病防治服务体系，取得了明显
成效。全国结核病疫情呈逐年下降趋势，共发现并治疗管理活

动性肺结核患者 427 万例，成功治疗率保持在 85%以上，肺结核报告发病率、死亡率明显下降，基本实现了"十二五"规划目标。

同时，我国结核病防治工作还面临着诸多问题与挑战。目前我国仍是全球 30 个结核病高负担国家之一，每年新发结核病患者约 90 万例，位居全球第 3 位。结核病发病人数仍然较多，中西部地区、农村地区结核病防治形势严峻。但我国现行结核病防治服务体系和防治能力还不能满足新形势下防治工作需要，部分结核病定点医疗机构诊治条件较差，防治所需设施设备不足，基层防治力量薄弱，流动人口结核病发现和治疗管理难度大，公众对结核病防治知识认知度不高，防范意识普遍不强。"十三五"时期是我国结核病防治的关键时期，需要各地区、各有关部门采取有效可行措施，坚决防控疫情，保障人民群众身体健康。

二、总体要求

（一）指导思想。全面贯彻党的十八大和十八届三中、四中、五中、六中全会精神，深入贯彻习近平总书记系列重要讲话精神和治国理政新理念新思想新战略，认真落实党中央、国务院决策部署，按照"五位一体"总体布局和"四个全面"战略布局，牢固树立和贯彻落实创新、协调、绿色、开放、共享的发展理念，坚持正确的卫生与健康工作方针，以深化医药卫生体制改革为动力，强化结核病患者发现报告、诊断治疗和随访服务等全环节管理，全面推进结核病防治工作，提升全民健康素质，为推进健康中国建设、全面建成小康社会奠定坚实基础。

（二）工作原则。坚持以人民健康为中心，坚持预防为主、防治结合、依法防治、科学防治，坚持政府组织领导、部门各负其责、全社会协同，坚持突出重点、因地制宜、分类指导，稳步推进结核病防控策略。

（三）规划目标。到 2020 年，政府领导、部门合作、全社会协同、大众参与的结核病防治机制进一步完善。疾病预防控制机构、结核病定点医疗机构、基层医疗卫生机构分工明确、协调配合的服务体系进一步健全，结核病防治服务能力不断提高，实现及早发现并全程规范治疗，人民群众享有公平可及、系统连续的预防、治疗、康复等防治服务。医疗保障政策逐步完善，患者疾病负担进一步减轻。肺结核发病和死亡人数进一步减少，全国肺结核发病率下降到 58/10 万以下，疫情偏高地区肺结核发病率较 2015 年下降 20%。

1. 报告肺结核患者和疑似肺结核患者的总体到位率达到 95% 以上。病原学检查阳性肺结核患者的密切接触者筛查率达到 95%。肺结核患者病原学阳性率达到 50% 以上。耐多药肺结核高危人群耐药筛查率达到 95% 以上。

2. 肺结核患者成功治疗率达到 90% 以上。基层医疗卫生机构肺结核患者规范管理率达到 90% 以上。

3. 学生体检结核病筛查比例明显提高。艾滋病病毒感染者的结核病检查率达到 90% 以上。公众结核病防治核心知识知晓率达到 85% 以上。

4. 所有地市级定点医疗机构具备开展药敏试验、菌种鉴定和结核病分子生物学诊断的能力。所有县级定点医疗机构具备痰涂片和痰培养检测能力。东中部地区和西部地区分别有 80% 和 70% 的县（市、区）具备开展结核病分子生物学诊断的能力。

5. 实现基本医疗保险、大病保险、医疗救助等制度与公共卫生项目的有效衔接。增加抗结核药品供给，提高患者门诊和住院医疗费用保障水平，减少患者因经济原因终止治疗，减轻患者负担，避免因病致贫、因病返贫。

三、防治措施

（一）完善防治服务体系。

1. 健全服务网络。各地区要明确省、市、县三级结核病定点医疗机构，并予以公布。各县（市、区）要根据当地疫情、地理、交通、人口等因素确定 1 家或多家定点医疗机构，改善诊疗条件，方便患者就医，基本实现普通肺结核患者诊治不出县。每个地市至少确定 1 家定点医疗机构负责诊治耐多药和疑难重症肺结核患者。鼓励三级医院承担定点医疗机构防治任务，重点收治基层转诊特殊病例。所有定点医疗机构要达到呼吸道传染病诊疗和防护条件。

2. 加强队伍建设。各级疾病预防控制机构、定点医疗机构和基层医疗卫生机构要配备专人负责结核病防治工作。加强人员培训，提高承担结核病诊疗和防治管理工作人员的服务能力。各地区要落实传染病防治人员卫生防疫津贴政策，对工作期间患结核病的防治人员按规定给予治疗和相应的工伤或抚恤待遇。建立健全结核病防治工作考核激励机制，调动防治人员的积极性，稳定防治队伍。做好疾病预防控制机构、定点医疗机构和基层医疗卫生机构结核病防治人员和相关实验室检测人员的防护工作，降低防治人员结核病感染率。

3. 推进防治结合。各地区要完善结核病分级诊疗和综合防治服务模式，健全疾病预防控制机构、结核病定点医疗机构、基层医疗卫生机构分工明确、协调配合的服务体系。进一步强化结核病报告和登记管理制度。各级各类医疗卫生机构发现肺结核患者和疑似患者要按照传染病报告要求进行网络直报，并将其转诊至当地定点医疗机构。定点医疗机构负责对肺结核患者进行诊断、治疗、登记、定期复诊检查和健康教育等，要具备结核病痰涂片检测、痰培养检测及结核病分子生物学诊断能力，地市级定点医疗机构还要具备药敏试验、菌种鉴定能力。基层医疗卫生机构负责转诊、追踪肺结核患者或疑似患者及有可疑症状的密切接触者，并根据定点医疗机构制定的治疗方案，对患者居家治疗期间进行督导管理，对患者及其家属进行健康教育等。疾病预防控制机构负责结核病疫情监测与处置，组织开展肺结核患者密切接触者流行病学调查和筛查，开展信息收集与分析，组织落实转诊追踪和患者治疗期间的规范管理，组织开展结核病高发和重点行业人群的防治工作，开展结核病防治宣传教育、技术指导及实验室质量控制等工作。

（二）多途径发现患者。

1. 加大就诊人群中患者发现力度。各级各类医疗卫生机构应当在诊疗和健康体检工作中，加强对有咳嗽、咳痰两周以上或痰中带血等肺结核可疑症状者的排查，发现肺结核疑似患者应转诊到当地定点医疗机构进行规范诊治，并及时报告。

2. 开展重点人群主动筛查。疾病预防控制机构、定点医疗机构和基层医疗卫生机构要相互配合，做好对病原学检查阳性肺结核患者的密切接触者、艾滋病病毒感染者和病人、65岁以上老年人、糖尿病患者等结核病重点人群的主动筛查工作。加强出入境人员结核病主动筛查工作，做好相应的医疗和防控措施。将结核病筛查纳入学校入学、监管场所（监狱、看守所、拘留所、收容教育所、强制隔离戒毒所、强制医疗所等场所）入监（所）和流动人口等人群的健康体检项目，早期发现传染源。疫情高发的县、乡、村要开展肺结核普查。

3. 及时发现耐多药肺结核患者。县级定点医疗机构负责对所有肺结核患者进行痰涂片和痰培养检测，对病原学检查阳性肺结核患者和耐多药肺结核高危人群进行耐药筛查，并将耐多药肺结核疑似患者转至地市级定点医疗机构进行耐药检测和诊断。积极推广耐多药快速检测技术，缩短诊断时间。开展耐药监测工作，掌握结核病流行传播规律和菌株变异情况，优化防治政策。

（三）规范诊疗行为。

1. 实施结核病诊疗规范。各级定点医疗机构要根据肺结核门诊诊疗规范、临床路径和结核病防治工作规范等有关技术指南要求，对肺结核患者进行诊疗，推广使用固定剂量复合制剂。注重发挥中医药在结核病治疗、康复中的作用。定点医疗机构要为基层医疗卫生机构和非定点医疗机构转诊患者建立绿色通道，及时安排就诊。病情稳定的患者要转回基层，由基层医疗卫生机构提供健康管理服务，确保患者接受全程规范治疗。规范医务人员诊疗行为，落实定点医疗机构处方点评、抗结核药品使用、辅助用药等跟踪监控制度。

2. 探索实施传染性肺结核患者住院治疗。有条件的地区要开展传染性肺结核患者住院治疗试点，逐步实现传染期内患者住院治疗。落实结核病感染控制措施，防止医院内交叉感染。

3. 规范耐多药肺结核患者诊疗和管理。定点医疗机构要规范耐多药患者住院治疗，患者出院后纳入门诊登记管理。各地区可因地制宜设立耐多药患者住院治疗点，对病情平稳但仍具有传染性的患者进行规范的住院治疗。疾病预防控制机构要加强对耐多药患者登记管理、诊疗随访和全疗程督导服药等工作的监管和指导。

4. 完善儿童结核病防治措施。提高卡介苗接种覆盖率和接种质量。各省（区、市）应当专门指定儿童结核病定点医疗机构，对儿科医生开展结核病防治技术培训，规范儿童结核病诊断和治疗服务。对传染性肺结核患者的儿童密切接触者中发现的潜伏期感染者进行重点观察。

5. 加强结核病医疗质量控制。各地区要完善结核病医疗质量管理工作机制，根据本地实际制定结核病医疗质量管理相关制度、规范和具体实施方案，将结核病诊疗纳入医疗质量控制工作体系。各省（区、市）要指定1家省级定点医疗机构负责组织有关专家对本省（区、市）结核病诊疗质量进行评估，并将评估结果作为对医院评价的重要依据。

（四）做好患者健康管理服务。要按照国家基本公共卫生服务项目要求做好肺结核患者健康管理服务，并将服务质量纳入对基层医疗卫生机构的考核内容。疾病预防控制机构、定点医疗机构和基层医疗卫生机构要做到患者转诊追踪、治疗管理等工作全程无缝衔接。疾病预防控制机构和定点医疗机构要加强对基层医疗卫生机构的培训、技术指导和督导。推行结核病患者家庭医生签约服务制度。创新方法和手段，充分利用移动互联网等新技术为患者开展随访服务，提高患者治疗依从性。

（五）做好医疗保险和关怀救助工作。要将临床必需、安全有效、价格合理、使用方便的抗结核药品按规定纳入基本医保支付范围。各地区要因地制宜逐步将肺结核（包括耐多药肺结核）纳入基本医疗保险门诊特殊病种支付范围。推进医疗保险支付方式改革，发挥医疗保险对医疗行为和费用的引导制约作用。按照健康扶贫工作要求，对符合条件的贫困结核病患者及时给予相应治疗和救助，患者治疗费用按规定经基本医疗保险、大病保险支付后，发挥医疗救助和其他补助的制度合力，切实降低患者自付比例，避免患者家庭发生灾难性支出而因病致贫返贫。充分发挥社会组织特别是慈善组织等社会力量的作用，开展对贫困结核病患者的关怀和生活救助。

（六）加强重点人群结核病防治。

1. 加强结核菌/艾滋病病毒双重感染防控。对艾滋病病毒感染者和病人进行结核病筛查，在艾滋病流行重点县（市、区），为结核病患者提供艾滋病病毒检测服务。负责结核病和艾滋病诊疗的定点医疗机构要建立健全合作机制，共同做好结核菌/艾滋病病毒双重感染者的筛查、诊治和管理工作。

2. 强化学校结核病防控。加强部门合作，建立卫生计生、教育等部门定期例会和信息通报制度。全面落实新生入学体检、因病缺课登记、病因追踪、健康教育等综合防控措施，对学校中的肺结核患者密切接触者开展筛查，及早发现肺结核患者，加强治疗管理，防止学校出现聚集性疫情。进一步加强学校结核病疫情监测和处置，为学校开展结核病防控工作提供专业培训、技术指导等。

3. 加强流动人口结核病防控。按照属地管理原则，做好流动人口结核病患者诊断、报告、转诊追踪、信息登记和治疗、随访服务等工作。对跨区域治疗的患者,做好信息衔接。做好基本医保异地就医直接结算工作。加强流动人口聚集场所宣传教育,提高流动人口结核病防控意识和能力。

4. 加强监管场所被监管人员结核病防控。开展入监(所)体检结核病筛查和日常监测,落实肺结核患者治疗管理,对即将出监(所)的尚未治愈的肺结核患者,监管场所应当及时做好转介工作,将有关信息报送监管场所所在地和被监管人员户籍地(或居住地)疾病预防控制机构,由地方定点医疗机构继续完成治疗。

(七)保障抗结核药品供应。完善药品采购机制,根据药品特性和市场竞争情况,实行分类采购,确保采购药品质量安全、价格合理、供应充足。鼓励各省(区、市)药品采购机构探索开展抗结核药品联合采购。对临床必需、市场价格低、临床用量小的抗结核药品实行集中挂网,由医院与企业议价采购,保障治疗用药需求。加强抗结核药品质量抽检,重点加强固定剂量复合制剂和二线抗结核药品注射制剂质量控制,确保药品质量。规范抗结核药品临床使用,加强不良反应报告监测和管理。

(八)提高信息化管理水平。进一步加强结核病防治工作信息化建设。依托全民健康保障信息化工程,提高结核病管理信息的及时性、完整性和准确性,规范结核病信息报告。将定点医疗机构纳入国家结核病防治信息管理系统,及时掌握肺结核患者登记、诊断治疗和随访复查等情况。结合区域人口健康信息平台建设,充分利用定点医疗机构和基层医疗卫生机构现有信息系统收集数据,加强信息整合。逐步实现结核病患者筛查、转诊追踪、诊断治疗、随访复查、治疗管理等全流程信息化管理，实现疾病预防控制机构、医疗卫生机构、基本医保经办机构之间纵向、横向的信息共享。利用远程医疗和远程教育网络，开展结核病防治技术指导和培训。

四、组织实施

（一）加强组织领导。地方各级人民政府要进一步加强组织领导，将结核病防治工作作为重要民生建设内容，纳入当地经济社会发展规划和政府目标管理考核内容，结合工作实际制定本辖区结核病防治规划及实施方案，落实各项防治责任，完成规划任务。要支持驻地部队开展结核病防治工作。

（二）落实部门职责。国家卫生计生委要充分发挥国务院防治重大疾病工作部际联席会议办公室的统筹协调作用，会同有关部门共同组织实施本规划并开展监督评估；加大贫困地区结核病防治力度，对农村贫困结核病患者进行分类救治；将结核病防治作为传染病防治监督执法的重要内容；协调完善全国结核病防治服务网络和专业队伍；建立健全结核病防治信息管理和共享机制。中央宣传部、新闻出版广电总局等部门要配合国家卫生计生委开展结核病防治工作公益宣传，大力普及结核病防治知识。国家发展改革委负责加强结核病防治机构等专业公共卫生基础设施建设，改善结核病防治设施条件。教育部负责加强学校结核病防治知识宣传教育，组织落实新生入学体检等学校结核病防控措施，创建良好学校卫生环境，督导学校在疾病预防控制机构指导下做好疫情报告，严防结核病疫情在校园内蔓延。科技部负责加强结核病疫苗、诊断试剂、治疗药物和方案等新技术研究的科技布局，推进科技重大专项等科研项目对结核病防治研究工作的支持；将结核病防治知识宣传纳入科普宣传工作计划。工业和信息化部负责组织协调抗结核药品、试剂的生产供应，完善相关产业政策，支持企业加快技术改造，增强抗结核药品创新和生产能力。公安部、司法部负责会同国家卫生计生委对监狱、看守所、拘留所、收容教育所、强制隔离戒毒所、强制医疗所等场所的被监管人员开展结核病检查和治疗管理；将结核病防治知识纳入监管场所干警和医务人员的岗位培训和教育内容，纳入被监管人员的入监（所）和日常教育内容。民政部负责拟订社会救助政策，对符合条件的贫困结核病患者按规定给予基本生活救助和医疗救助。财政部要根据结核病防治需要、经济发展水平和财力状况，合理安排补助资金并加强资金监管，保障防治工作开展，切实减轻肺结核患者就医负担。人力资源社会保障部和国家卫生计生委负责完善医保政策，推行医保支付方式改革，提高结核病患者医疗保障水平；将结核病防治知识纳入农村劳动力转移培训内容。质检总局负责加强口岸结核病防治知识宣传教育，组织各直属出入境检验检疫机构落实口岸结核病疫情监测和管理工作。食品药品监管总局负责加强对抗结核药品的审批和质量监管，完善药品质量抽验机制。国家中医药局负责指导各地区运用中医药技术方法在结核病诊疗中发挥作用，组织开展中医药防治结核病研究，发挥中医药在防治耐多药肺结核等方面的优势。国务院扶贫办负责加大对建档立卡贫困人口中已治愈、有劳动能力的结核病患者的扶贫开发支持力度，做到精准帮扶、无一遗漏。中国红十字会总会等社会团体负责为贫困结核病患者提供人道主义救助，开展健康教育和关爱活动。

（三）加强宣传教育。关注结核病预防、治疗全过程，不断创新方式方法，充分发挥"12320"公共卫生热线、微博微信、移动客户端等宣传平台作用，全方位、多维度开展宣传工作，推动形成广大群众积极支持、关注和参与结核病防治的良好社会氛围。以世界防治结核病日为契机，集中开展宣传活动。深入开展百千万志愿者结核病防治知识传播行动，把结核病防治知识纳入中小学健康教育内容，将结核病防治宣传教育工作常态化、持续化。对结核病患者及其家属、密切接触者和结核菌/艾滋病病毒双重感染者、学生、流动人口、老年人、糖尿病患者等重点人群，有针对性地开展宣传教育，增强宣传教育实效。

（四）加强科研与国际合作。开展多层次多形式的学术交流和医学教育，培养结核病防治人才，提升防治人员工作能力和研究水平。支持结核病防治研究，在结核病新型诊断试剂、疫苗和药物研发，中医药防治方案以及耐多药肺结核优化治疗方案等方面给予重点支持。加强结核病防治工作国际交流与合作，及时总结推广科研成果和国际合作经验，为我国结核病防治工作提供技术支撑。

五、监督与评估

地方各级人民政府要定期组织对本地区结核病防治工作的监督检查，发现问题及时解决，并通报检查结果和工作改进情况，可引入第三方机构参与考核评价，探索将考核结果作为财政投入、医保支付、职称评聘等重要依据。国家卫生计生委要会同有关部门不定期开展对各地区执行本规划情况的监督检查，于2020年组织开展规划执行情况总结评估，结果报国务院。

国务院办公厅关于加强传染病
防治人员安全防护的意见

国办发〔2015〕1号

各省、自治区、直辖市人民政府，国务院各部委、各直属机构：

党中央、国务院高度重视传染病防治工作，关心爱护防治人员的职业安全和身心健康。为进一步加强传染病防治人员安全防护，维护防治人员健康权益，调动防治人员工作积极性，保障国家公共卫生安全，经国务院同意，现提出以下意见：

一、充分认识加强传染病防治人员安全防护的重要意义

传染病防治关系人民群众的身体健康和生命安全，关系经济社会发展和国家安全稳定。近十几年来，我国先后发生传染性非典型肺炎、人感染高致病性禽流感、甲型 H1N1 流感等突发新发传染病疫情。艾滋病、结核病等重大传染病防治形势依然严峻，防治工作任务艰巨繁重。随着全球化进程加快和我国对外交往增多，埃博拉出血热、中东呼吸综合征等境外传染病输入风险明显增加，给我国公共卫生安全带来挑战。广大防治人员在传染病防治工作中发挥着主力军作用，直接面临职业暴露的感染风险。加强传染病防治人员的安全防护，是保障其身心健康和生命安全的必然要求，是科学有效开展传染病防治的重要举措。各地区、各有关部门要深刻认识加强传染病防治人员安全防护的重要意义，坚持以人为本、依法科学、分类指

导、突出重点、强化保障，认真履职尽责，完善落实相关政策措施，切实维护传染病防治人员健康权益。

二、加强传染病疫情调查处置的卫生防护

卫生计生等部门要抓紧制定完善传染病现场调查处置人员的防护标准、职业暴露应急处置预案，定期组织开展人员防护培训和演练，建立预防性用药储备和使用制度。为从事现场流行病学调查、口岸检疫、动物疫病防治和监督执法等工作的人员提供符合生物安全标准的防护装备，配置必要的现场调查处置设备设施，及时做好职业暴露后处置，有效降低其在病例调查、传染源和密切接触者追踪运送、环境危险因素调查和疫源地消毒等现场工作中的感染风险。及时做好疫点、疫区或被污染场所、物品的卫生处理，对密切接触者进行医学观察时采取必要预防措施，保障防治人员免受疫病侵害。

三、加强传染病患者转运救治的感染控制与职业防护

根据区域卫生规划要求，按照填平补齐的原则，在充分调研论证的基础上，重点加强综合性医院感染性疾病科和传染病专科医院的功能分区及污水、污物处理等安全防护设施建设。各出入境检验检疫机构要加强口岸隔离留验场所建设。医疗机构要做好传染病患者的接诊和相关处置工作。对于承担传染性强、原因不明传染病转运救治任务的定点医疗机构，要配置负压担架、负压救护车和负压病房，确保转运救治过程中患者家属及医务人员安全。完善医院感染管理规范和标准，健全医院感染管理组织机构，重点加强医疗机构预检分诊和发热门诊、肠道门诊工作，落实医院感染监测、消毒隔离和医务人员手卫生、职业防护及职业暴露后干预等关键防控措施，强化对患者

及其家属的健康教育,保障群众就医和医务人员从业安全。卫生计生部门要指导承担转运救治任务的单位和运输企业做好相关人员防护。

四、加强实验室生物安全条件建设和管理

建立和完善生物安全实验室网络,提升高致病性病原微生物实验室检测能力和防护水平,降低标本转运、保藏、检测等环节的感染风险。科学规划和布局高等级生物安全实验室,每个省份应当设有生物安全三级实验室,推进国家生物安全四级实验室建设。发展改革、财政等部门和地方要做好高等级生物安全实验室建设的投资安排。实验室建设要依法开展环境影响评价。各地和有关单位要加强生物安全三级实验室的使用管理和维护,确保其有效运转、发挥作用。进一步加强实验室装备建设,逐步使省、市、县级疾病预防控制机构仪器配备达到《疾病预防控制中心建设标准》规定要求。切实落实重大科研基础设施和大型科研仪器向社会开放的规定,建立高等级生物安全实验室共享机制,满足传染病防控、医疗、科研等工作需要。卫生计生、农业、质检、林业等部门要完善实验室生物安全、菌毒种保藏、储存运输相关规范和操作流程,制定实验室生物安全事故应对和处置预案,完善应对准备和相关设备、设施、技术储备。要健全生物安全实验室管理体系,加强对实验室生物安全防护的质量控制和全过程监管,做好样本采集、运输、保存、检测等环节的人员防护,明确行政管理和技术责任人,有效预防实验室生物安全事故发生。

五、做好医疗废物处置、患者遗体处理及相关人员防护

严格落实《医疗废物管理条例》规定,切实做好医疗废物

集中无害化处置，落实医疗废物收集、运送、贮存、处置的全过程管理。各地要加强医疗废物集中处置单位建设，确保医疗废物出口通畅。医疗卫生机构和医疗废物集中处置单位要建立健全医疗废物管理责任制，严格执行转移联单制度，防止医疗废物流失。禁止任何单位和个人非法转让、买卖医疗废物。按规定对传染病患者遗体进行卫生处理，对死者生前居住场所进行消毒，对确诊或疑似传染病患者尸体解剖查验过程中产生的医疗废物进行规范处理，并做好工作人员的安全防护。

六、完善传染病防治人员工资待遇倾斜政策

根据《中华人民共和国传染病防治法》和《突发公共卫生事件应急条例》等法律法规规定，对从事传染病预防、医疗、科研、教学及现场处理疫情的人员，以及在生产、工作中接触传染病病原体的其他人员给予适当津贴，并建立动态调整机制。对直接参与国内传染病类突发公共卫生事件现场调查处置、患者救治、口岸检疫、动物防疫等各类一线工作的人员，以及政府选派直接参与国外重大传染病疫情防治工作的医疗和公共卫生等防控人员，根据工作风险、强度和时间给予临时性工作补助。国务院有关部门要制定调整相关津贴和临时性工作补助的具体办法。

七、完善传染病感染保障政策

将诊断标准明确、因果关系明晰的职业行为导致的传染病，纳入职业病分类和目录。将重大传染病防治一线人员，纳入高危职业人群管理。对在重大传染病疫情中参与传染病防治工作致病、致残、死亡的人员，参照机关事业单位工伤抚恤或工伤保险等有关规定给予抚恤、保障。不断完善医疗保障政策，逐步扩大基本医保保障范围，加快实施城乡居民大病保险制度，加强基本医保、医疗救助和疾病应急救助工作的衔接，切实减轻重大传染病患者就医负担。

八、加大传染病防治宣传教育力度

健全信息发布常态机制，坚持公开透明发布传染病防治信息。加强公共卫生突发事件应对过程中的舆论引导，落实媒体宣传责任，进一步加大传染病防治和公共卫生教育公益宣传力度，积极报道传染病防治典型事迹，树立传染病防治工作者的良好形象。在全国范围内深入开展"健康中国行—全民健康素养促进活动"，引导群众树立健康观念，培养健康行为，提高全民健康素养。大力普及传染病防治科学知识，提高群众依法防病意识，积极营造全社会参与传染病防治的良好氛围。

九、强化政府责任落实

各级人民政府要加强对传染病防治人员安全防护工作的组织领导、统筹协调，明确部门分工任务。要将传染病防治所需必要经费纳入同级财政预算，及时足额拨付。完善传染病防治相关安全防护装备和耗材的供应与储备机制。加强对传染病防治人员尤其是处理重大传染病疫情一线人员的心理健康关爱。对在传染病防治工作中作出显著成绩和贡献的单位和个人，按照国家有关规定给予表彰和奖励。各地区、各有关部门要按照本意见精神，抓紧研究制定具体实施方案，细化政策措施，加强督导检查，确保各项工作落实到位。

国务院办公厅

2015 年 1 月 6 日

农业部办公厅关于调整高致病性
禽流感疫苗种毒的通知

农办医（2015）51号

为提高疫苗与流行毒株的匹配性，更好地防控禽流感，经研究，我部决定调整高致病性禽流感疫苗生产种毒。现就有关事项通知如下。

一、疫苗品种。调整后，疫苗为重组禽流感病毒H5亚型二价灭活疫苗（Re-6株+Re-8株）和重组禽流感病毒H5亚型三价灭活疫苗（Re-6株+Re-7株+Re-8株），用于预防H5亚型禽流感病毒引起的禽流感。

二、种毒发放和备案。2015年12月18日前，国家禽流感参考实验室组织完成Re-8株种毒发放工作，并将5支Re-8株种毒送国家微生物菌毒种保藏中心备案，同时提供种毒鉴定报告。国家微生物菌毒种保藏中心要严格按照国家有关规定做好保藏工作。

三、疫苗的生产和检验。高致病性禽流感疫苗生产企业领取种毒后，要按照兽药管理有关规定及我部发布的产品生产检验规程、质量标准组织生产和检验活动，并向中国兽医药品监察所送3批重组禽流感病毒H5亚型三价灭活疫苗（Re-6株+Re-7株+Re-8株）样品进行效力检验。企业自检和中国兽医药品监察所的检验同步进行。经中国兽医药品监察所检验合格后，方可进行批签发。

四、疫苗停产和使用。自 2016 年 1 月 1 日起，除生产专供出口产品外，各疫苗生产企业停止生产重组禽流感病毒 H5 亚型二价灭活疫苗（Re-6 株+Re-7 株）和重组禽流感病毒灭活疫苗（H5N1 亚型，Re-6 株），之前生产的产品，可在产品有效期内继续销售使用。

五、兽药产品批准文号。各生产企业尽快按照《兽药产品批准文号管理办法》有关规定申报兽药产品批准文号。

附件（略）。

农业部办公厅

2015 年 12 月 10 日

农业部关于停止生产使用狂犬病活疫苗
（包括多联活疫苗）的公告

第 2514 号

根据《兽药管理条例》规定，我部组织开展了狂犬病活疫苗再评价工作。鉴于我国狂犬病灭活疫苗能够满足防疫需要，我部决定停止生产使用狂犬病活疫苗（包括多联活疫苗）。现将有关事项公告如下。

一、自 2017 年 7 月 1 日起，停止生产狂犬病活疫苗（包括多联活疫苗），涉及的相关企业的兽药产品批准文号同时注销。之前生产的产品，在产品有效期内可以流通使用。

二、多联活疫苗研制单位可向农业部兽药评审中心提交去除狂犬病病毒组分申请材料。农业部兽药评审中心收到申请材料后，及时组织开展评价工作，并将评价结果报我部。

三、去除狂犬病病毒组分后的产品制造及检验规程、质量标准发布后，各有关企业（包括原产品转让的企业）按照《兽药产品批准文号管理办法》规定申请产品批准文号。

农业部

2017 年 4 月 7 日

疫苗储存和运输管理规范

关于印发疫苗储存和运输管理规范的通知

国卫疾控发〔2017〕60号

各省、自治区、直辖市卫生计生委、食品药品监督管理局，新疆生产建设兵团卫生局、食品药品监督管理局，中国疾病预防控制中心：

为加强疫苗储存和运输管理工作，根据修订后的《疫苗流通和预防接种管理条例》和《关于进一步加强疫苗流通和预防接种管理工作的意见》（国办发〔2017〕5号），国家卫生计生委、食品药品监管总局对《疫苗储存和运输管理规范》（卫疾控发〔2006〕104号）进行了修订，形成了《疫苗储存和运输管理规范（2017年版）》（可从国家卫生计生委网站http：//www.nhfpc.gov.cn下载）。现印发给你们，请遵照执行。

国家卫生计生委食品

药品监管总局

2017年12月15日

第一章　总　则

第一条　为规范疫苗储存、运输，加强疫苗质量管理，保障预防接种的安全性和有效性，根据《疫苗流通和预防接种管理条例》，制定本规范。

第二条　本规范适用于疾病预防控制机构、接种单位、疫苗生产企业、疫苗配送企业、疫苗仓储企业的疫苗储存、运输管理。疾病预防控制机构、接种单位的疫苗储存、运输管理还应当遵守《预防接种工作规范》；疫苗生产企业、疫苗配送企业、疫苗仓储企业的疫苗储存、运输管理还应当遵守《药品经营质量管理规范》。

第三条　疫苗生产企业、疫苗配送企业、疫苗仓储企业应当配备从事疫苗管理的专职人员，疾病预防控制机构、接种单位应当有专（兼）职人员负责疫苗管理，并接受相关业务培训。疾病预防控制机构、接种单位、疫苗生产企业、疫苗配送企业、疫苗仓储企业应当建立疫苗储存、运输管理制度，做好疫苗的储存、运输工作。

第四条　各级卫生计生行政部门和食品药品监督管理部门负责本规范实施的监督管理工作。

第二章　疫苗储存、运输的设施设备

第五条　疾病预防控制机构、接种单位、疫苗生产企业、疫苗配送企业、疫苗仓储企业应当装备保障疫苗质量的储存、运输冷链设施设备。

（一）省级疾病预防控制机构、疫苗生产企业、疫苗配送企业、疫苗仓储企业应当根据疫苗储存、运输的需要，配备普通冷库、低温冷库、冷藏车和自动温度监测器材或设备等。

（二）设区的市级、县级疾病预防控制机构应当配备普通冷库、冷藏车或疫苗运输车、低温冰箱、普通冰箱、冷藏箱（包）、冰排和温度监测器材或设备等。

（三）接种单位应当配备普通冰箱、冷藏箱（包）、冰排和温度监测器材或设备等。

第六条 疾病预防控制机构、接种单位的疫苗储存、运输设施设备管理和维护要求：

（一）用于疫苗储存的冷库容积应当与储存需求相适应，应当配有自动监测、调控、显示、记录温度状况以及报警的设备，备用制冷机组、备用发电机组或安装双路电路。

（二）冷藏车能自动调控、显示和记录温度状况。

（三）冰箱的补充、更新应当选用具备医疗器械注册证的医用冰箱。

（四）冷藏车、冰箱、冷藏箱（包）在储存、运输疫苗前应当达到相应的温度要求。

（五）自动温度监测设备，温度测量精度要求在±0.5℃范围内；冰箱监测用温度计，温度测量精度要求在±1℃范围内。

第七条 有条件的地区或单位应当建立自动温度监测系统。自动温度监测系统的测量范围、精度、误差等技术参数能够满足疫苗储存、运输管理需要，具有不间断监测、连续记录、数据存储、显示及报警功能。

第八条 疾病预防控制机构、接种单位、疫苗生产企业、疫苗配送企业、疫苗仓储企业应当建立健全冷链设备档案，并对疫苗储存、运输设施设备运行状况进行记录。

第九条 疾病预防控制机构应当定期评估辖区内冷链设施设备的装备和运行状况，根据预防接种工作需要，制定冷链设备补充、更新需求计划，参考"冷链设备维护周期和使用年限参考标准"（附件1），报同级卫生计生行政部门和上级疾病预防控制机构，及时补充、更新冷链设备设施。

第三章　疫苗储存、运输的温度监测

第十条 疾病预防控制机构、接种单位、疫苗生产企业、疫苗配送企业、疫苗仓储企业必须按照疫苗使用说明书、《预防接种工作规范》等有关疫苗储存、运输的温度要求储存和运输疫苗。

第十一条 疾病预防控制机构、接种单位应当按以下要求对疫苗的储存温度进行监测和记录。

（一）采用自动温度监测器材或设备对冷库进行温度监测，须同时每天上午和下午至少各进行一次人工温度记录（间隔不少于6小时），填写"冷链设备温度记录表"（附件2）。

（二）采用温度计对冰箱（包括普通冰箱、低温冰箱）进行温度监测，须每天上午和下午各进行一次温度记录（间隔不少于6小时），填写"冷链设备温度记录表"（附件2）。温度计应当分别放置在普通冰箱冷藏室及冷冻室的中间位置，低温冰箱的中间位置。每次应当测量冰箱内存放疫苗的各室温度，冰箱冷藏室温度应当控制在 2℃~8℃，冷冻室温度应当控制在 ≤-15℃。有条件的地区或单位可以应用自动温度监测器材或设备对冰箱进行温度监测记录。

（三）可采用温度计对冷藏箱（包）进行温度监测，有条件的地区或单位可以使用具有外部显示温度功能的冷藏箱（包）。

第十二条 疫苗配送企业、疾病预防控制机构、接种单位应当对疫苗运输过程进行温度监测，并填写"疫苗运输温度记录表"（附件3）。

（一）记录内容包括疫苗运输工具、疫苗冷藏方式、疫苗名称、生产企业、规格、批号、有效期、数量、用途、启运和到达时间、启运和到达时的疫苗储存温度和环境温度、启运至到达行驶里程、送/收疫苗单位、送/收疫苗人签名。

（二）运输时间超过 6 小时，须记录途中温度。途中温度记录时间间隔不超过 6 小时。

第十三条 对于冷链运输时间长、需要配送至偏远地区的疫苗，省级疾病预防控制机构应当对疫苗生产企业提出加贴温度控制标签的要求并在招标文件中提出。疫苗生产企业应当根据疫苗的稳定性选用合适规格的温度控制标签。

第十四条 疫苗储存、运输过程中的温度记录可以为纸质或可识读的电子格式，温度记录要求保存至超过疫苗有效期2年备查。

第四章 疫苗储存、运输中的管理

第十五条 疫苗生产企业、疫苗配送企业、疾病预防控制机构在供应或分发疫苗时，应当向收货方提供疫苗运输的设备类型、起运和到达时间、本次运输过程的疫苗运输温度记录、发货单和签收单等资料。

第十六条　疾病预防控制机构、接种单位在接收或者购进疫苗时，应当索取和检查疫苗生产企业或疫苗配送企业提供的《生物制品批签发合格证》复印件，进口疫苗还应当提供《进口药品通关单》复印件。收货时应当核实疫苗运输的设备类型、本次运输过程的疫苗运输温度记录，对疫苗运输工具、疫苗冷藏方式、疫苗名称、生产企业、规格、批号、有效期、数量、用途、启运和到达时间、启运和到达时的疫苗储存温度和环境温度等内容进行核实并做好记录。

（一）对于资料齐全、符合冷链运输温度要求的疫苗，方可接收。

（二）对资料不全、符合冷链运输温度要求的疫苗，接收单位可暂存该疫苗。待补充资料，符合第一款要求后办理接收入库手续。

（三）对不能提供本次运输过程的疫苗运输温度记录或不符合冷链运输温度要求的疫苗，不得接收或购进。疫苗储存、运输过程中温度异常的处理，按照第二十二、二十三、二十四条执行。

第十七条　疾病预防控制机构、接种单位对验收合格的疫苗，应当按照规定的温度要求储存，按疫苗品种、批号分类码放。

第十八条　疾病预防控制机构、接种单位应当按照有效期或进货先后顺序供应、分发和使用疫苗。

第十九条　疫苗生产企业、疫苗配送企业、疫苗仓储企业应当定期对储存的疫苗进行检查并记录。对超过有效期或储存温度不符合要求的疫苗，应当采取隔离存放、暂停发货等措施。

第二十条　疾病预防控制机构、接种单位应当定期对储存的疫苗进行检查并记录，对包装无法识别、超过有效期、不符合储存温度要求的疫苗，应当定期逐级上报，其中第一类疫苗上报至省级疾病预防控制机构，第二类疫苗上报至县级疾病预防控制机构。对于需报废的疫苗，应当在当地食品药品监督管理部门和卫生计生行政部门的监督下，按照相关规定统一销毁。接种单位需报废的疫苗，应当统一回收至县级疾病预防控制机构统一销毁。疾病预防控制机构、接种单位应当如实记录销毁、回收情况，销毁记录保存5年以上。

第二十一条　疫苗的收货、验收、在库检查等记录应当保存至超过疫苗有效期2年备查。

第五章　疫苗储存、运输中
温度异常的管理

第二十二条　疫苗应当在批准的温度范围（控制温度）内储存、运输。疫苗生产企业应当评估疫苗储存、运输过程中出入库、装卸等常规操作产生的温度偏差对疫苗质量的影响及可接收的条件。符合接收条件的，疫苗配送企业、疾病预防控制机构、接种单位应当接收疫苗。

第二十三条　疾病预防控制机构、接种单位采用冰箱、冷藏箱（包）储存疫苗的，在存放、取用疫苗时应当及时开关冰箱、冷藏箱（包）门/盖，尽可能减少疫苗暴露于控制温度范围外的时间。

　　第二十四条　在特殊情况下，如停电、储存运输设备发生故障，造成温度异常的，须填写"疫苗储存和运输温度异常情况记录表"（附件4）。疫苗生产企业应当及时启动重大偏差或次要偏差处理流程，评估其对产品质量的潜在影响，并将评估报告提交给相应单位。经评估对产品质量没有影响的，可继续使用。经评估对产品质量产生不良影响的，应当在当地卫生计生行政部门和食品药品监督管理部门的监督下销毁。

第六章　附　则

　　第二十五条　本规范由国家卫生计生委和国家食品药品监督管理总局负责解释。

　　第二十六条　本规范自发布之日起施行。

附件1：冷链设备维护周期和使用年限参考标准（略）

附件2：冷链设备温度记录表（略）

附件3：疫苗运输温度记录表（略）

附件4：疫苗储存和运输温度异常情况记录表（略）

中华人民共和国尘肺病防治条例

国发〔1987〕105 号

（1987 年 12 月 3 日国务院发布）

第一章　总　则

第一条　为保护职工健康，消除粉尘危害，防止发生尘肺病，促进生产发展、制定本条例。

第二条　本条例适用于所有有粉尘作业的企业、事业单位。

第三条　尘肺病系指在生产活动中吸入粉尘而发生的肺组织纤维化为主的疾病。

第四条　地方各级人民政府要加强对尘肺病防治工作的领导。在制定本地区国民经济和社会发展计划时，要统筹安排尘肺病防治工作。

第五条　企业、事业单位的主管部门应当根据国家卫生等有关标准，结合实际情况，制定所属企业的尘肺病防治规划，并督促其施行。

乡镇企业主管部门，必须指定专人负责乡镇企业尘肺病的防治工作，建立监督检查制度，并指导乡镇企业对尘肺病的防治工作。

第六条 企业、事业单位的负责人，对本单位的尘肺病防治工作负有直接责任，应采取有效措施使本单位的粉尘作业场所达到国家卫生标准。

第二章 防　尘

第七条 凡有粉尘作业的企业、事业单位应采取综合防尘措施和无尘或低尘的新技术、新工艺、新设备，使作业场所的粉尘浓度不超过国家卫生标准。

第八条 尘肺病诊断标准由卫生行政部门制定，粉尘浓度卫生标准由卫生行政部门会同劳动等有关部门联合制定。

第九条 防尘设施的鉴定和定型制度，由劳动部门会同卫生行政部门制定。任何企业、事业单位除特殊情况外，未经上级主管部门批准，不得停止运行或者拆除防尘设施。

第十条 防尘经费应当纳入基本建设和技术改造经费计划，专款专用，不得挪用。

第十一条 严禁任何企业、事业单位将粉尘作业转嫁、外包或以联营的形式给没有防尘设施的乡镇、街道企业或个体工商户。

中、小学校各类校办的实习工厂或车间，禁止从事有粉尘的作业。

第十二条 职工使用的防止粉尘危害的防护用品，必须符合国家的有关标准。企业、事业单位应当建立严格的管理制度，并教育职工按规定和要求使用。

对初次从事粉尘作业的职工，由其所在单位进行防尘知识教育和考核，考试合格后方可从事粉尘作业。

不满十八周岁的未成年人，禁止从事粉尘作业。

第十三条　新建、改建、扩建、续建有粉尘作业的工程项目，防尘设施必须与主体工程同时设计、同时施工、同时投产。设计任务书，必须经当地卫生行政部门、劳动部门和工会组织审查同意后，方可施工。竣工验收，应由当地卫生行政部门、劳动部门和工会组织参加，凡不符合要求的，不得投产。

第十四条　作业场所的粉尘浓度超过国家卫生标准，又未积极治理，严重影响职工安全健康时，职工有权拒绝操作。

第三章　监督和监测

第十五条　卫生行政部门、劳动部门和工会组织分工协作，互相配合，对企业、事业单位的尘肺病防治工作进行监督。

第十六条　卫生行政部门负责卫生标准的监测；劳动部门负责劳动卫生工程技术标准的监测。

工会组织负责组织职工群众对本单位的尘肺病防治工作进行监督，并教育职工遵守操作规程与防尘制度。

第十七条　凡有粉尘作业的企业、事业单位，必须定期测定作业场所的粉尘浓度。测尘结果必须向主管部门和当地卫生行政部门、劳动部门和工会组织报告，并定期向职工公布。

从事粉尘作业的单位必须建立测尘资料档案。

第十八条　卫生行政部门和劳动部门，要对从事粉尘作业的企业、事业单位的测尘机构加强业务指导，并对测尘人员加强业务指导和技术培训。

第四章　健康管理

第十九条　各企业、事业单位对新从事粉尘作业的职工，必须进行健康检查。对在职和离职的从事粉尘作业的职工，必须定期进行健康检查。检查的内容、期限和尘肺病诊断标准，按卫生行政部门有关职业病管理的规定执行。

第二十条　各企业、事业单位必须贯彻执行职业病报告制度，按期向当地卫生行政部门、劳动部门、工会组织和本单位的主管部门报告职工尘肺病发生和死亡情况。

第二十一条　各企业、事业单位对已确诊为尘肺病的职工，必须调离粉尘作业岗位，并给予治疗或疗养。尘肺病患者的社会保险待遇，按国家有关规定办理。

第五章　奖励和处罚

第二十二条　对在尘肺病防治工作中做出显著成绩的单位和个人，由其上级主管部门给予奖励。

第二十三条　凡违反本条例规定，有下列行为之一的，卫生行政部门和劳动部门，可视其情节轻重，给予警告、限期治理、罚款和停业整顿的处罚。但停业整顿的处罚，需经当地人民政府同意。

（一）作业场所粉尘浓度超过国家卫生标准，逾期不采取措施的；

（二）任意拆除防尘设施，致使粉尘危害严重的；

（三）挪用防尘措施经费的；

（四）工程设计和竣工验收未经卫生行政部门、劳动部门和工会组织审查同意，擅自施工、投产的；

（五）将粉尘作业转嫁、外包或以联营的形式给没有防尘设施的乡镇、街道企业或个体工商户的；

（六）不执行健康检查制度和测尘制度的；

（七）强令尘肺病患者继续从事粉尘作业的；

（八）假报测尘结果或尘肺病诊断结果的；

（九）安排未成年人从事粉尘作业的。

第二十四条 当事人对处罚不服的，可在接到处罚通知之日起 15 日内，向作出处理的部门的上级机关申请复议。但是，对停业整顿的决定应当立即执行。上级机关应当在接到申请之日起 30 日内作出答复。对答复不服的，可以在接到答复之日起 15 日内，向人民法院起诉。

第二十五条 企业、事业单位负责人和监督、监测人员玩忽职守，致使公共财产、国家和人民利益遭受损失，情节轻微的，由其主管部门给予行政处分；造成重大损失，构成犯罪的，由司法机关依法追究直接责任人员的刑事责任。

第六章 附 则

第二十六条 本条例由国务院卫生行政部门和劳动部门联合进行解释。

第二十七条 各省、自治区、直辖市人民政府应当结合当地实际情况，制定本条例的实施办法。

第二十八条 本条例自发布之日起施行。

附　录

关于加强农民工尘肺病防治工作的意见

关于印发加强农民工尘肺病防治工作的意见的通知
国卫疾控发〔2016〕2号

各省、自治区、直辖市卫生计生委、发展改革委、科技厅（委、局）、工业和信息化主管部门、民政厅（局）、财政厅（局）、人力资源社会保障厅（局）、国资委、安全生产监督管理局、总工会，新疆生产建设兵团卫生局、发展改革委、科技局、工业和信息化主管部门、民政局、财务局、人力资源社会保障局、国资委、安全生产监督管理局、工会：

　　为贯彻落实《职业病防治法》，切实保障劳动者健康权益，根据农民工尘肺病防治工作需要，国家卫生计生委、国家发展改革委、科技部、工业和信息化部、民政部、财政部、人力资源社会保障部、国务院国资委、安全监管总局和全国总工会联合制定了《关于加强农民工尘肺病防治工作的意见》。经国务院同意，现印发给你们，请认真贯彻落实。

国家卫生计生委　国家发展改革委

科技部　工业和信息化部

民政部　财政部

人力资源社会保障部　国务院国资委

安全监管总局　全国总工会

2016 年 1 月 8 日

农民工已成为我国产业工人的主体，截至 2014 年底，我国农民工人数达 2.74 亿，是推动国家现代化建设的重要力量，为经济社会发展作出了巨大贡献。党中央、国务院高度重视农民工的职业健康。近年来，我国先后公布了《职业病防治法》等一系列法律法规、规划和职业卫生标准，监管力度逐步加大，职业病防治能力和服务体系持续加强，诊断服务的可及性和诊断水平不断提高。但是，由于一些用人单位不履行防治主体责任，健康监护不到位，加上部分农民工缺乏职业防护和维权意识，农民工罹患尘肺病的势头并没有得到有效控制，病后得不到及时诊断、救治和赔偿的问题也没有得到有效解决。为进一步深入贯彻党的十八大和十八届三中、四中、五中全会精神，落实《国务院关于进一步做好为农民工服务工作的意见》（国发〔2014〕40 号）有关要求，预防、控制和消除尘肺病危害，切实保护农民工职业健康和相关权益，提出以下意见：

一、着力加强农民工尘肺病源头治理

用人单位要建立健全粉尘防治规章制度和责任制，落实粉尘防治主体责任。要建立健全粉尘防治管理机构，配备专职管理人员，负责粉尘防治日常管理工作。严格执行建设项目防尘设施"三同时"，确保新建设项目粉尘防护设施齐全有效。按照要求开展工作场所粉尘日常监测和定期检测，加强防尘设施设备维护管理，配备合格有效的个人粉尘防护用品。强化职业病危害告知和职业卫生宣教培训，提高农民工的粉尘防范能力和自我防护意识。各地要抓住国家经济转型和产业结构调整契机，强化新技术、新工艺、新设备和新材料的推广应用，淘汰粉尘危害严重的落后产能，主动关闭粉尘危害严重、不具备防治条件的小矿山、小水泥、小冶金、小陶瓷、小石材加工等企业。各级安全监管部门要会同能源等行业管理部门，深入开展矿山开采、建材生产等粉尘危害严重行业领域的专项治理。加大对用人单位粉尘防治工作的监督检查力度，依法查处违法违规行为，对工艺落后、粉尘危害严重且整改无望的企业，要提请地方政府依法予以关闭。要建立粉尘危害企业黑名单制度，对违法违规企业坚决予以曝光。加大尘肺病事件的查处力度，对出现群体性尘肺病的用人单位，依法从严从重查处并追究相关责任人的责任。

二、大力推进农民工职业健康检查工作

用人单位要为农民工建立个人职业健康监护档案，依法对农民工进行上岗前、在岗期间和离岗时职业健康检查，书面告知检查结果，并为离开本单位的农民工提供档案复印件。不得安排未经上岗前职业健康检查或有职业禁忌的农民工从事粉尘作业，在岗期间职业健康检查发现有职业健康禁忌的，应当调离有健康损害的工作岗位。对疑似尘肺病农民工应当及时安排进行诊断，离岗前未进行职业健康检查的农民工不得与其解除或终止劳动合同。地方各级卫生计生行政部门要根据工作需要，统一规划、科学布局、合理设置职业健康检查机构。职业健康检查机构要优化检查流程，加强质量控制，为用人单位和农民工提供方便高效的服务，并可根据需要，在登记机关管辖区域范围内开展外出职业健康检查。发现疑似尘肺病和职业禁忌的应当及时书面告知农民工和用人单位，并将疑似尘肺病报告用人单位所在地的卫生计生行政部门和安全监管部门。

三、认真做好尘肺病诊断鉴定和医疗救治工作

劳动者有粉尘接触史且临床表现以及辅助检查结果符合尘肺病特征的，医疗机构应当及时作出尘肺病相关临床诊断。符合职业性尘肺病相关诊断标准的，职业病诊断机构应当加强有关部门协调，提高效率，尽快作出职业性尘肺病诊断。没有证据否定职业病危害因素与病人临床表现之间的必然联系的，应当诊断为职业性尘肺病。各级卫生计生、人力资源社会保障、安全监管等部门和工会组织要针对当前农民工尘肺病诊断过程中存在的实际问题，研究制订具体办法，简化诊断程序，缩短诊断时间，切实解决农民工尘肺病诊断的实际困难。对诊断有争议的，按照有关规定进行鉴定。要按照"方便治疗、疗效可靠、价格合理、服务周到"的原则，优化尘肺病定点医疗机构设置。有关科技行政部门要将尘肺病防治技术和产品的研发列入有关科研计划，组织产学研医等方面的优势力量，加大科研攻关力度。各级人力资源社会保障和卫生计生行政部门要及时按规定将疗效可靠的尘肺病治疗药品列入各类基本医疗保险药品目录。各级卫生计生行政部门要加强医务人员培训，规范尘

肺病救治工作，提高尘肺病治疗技术水平。

四、有效保障符合条件的尘肺病农民工工伤保险待遇

要大力推进《劳动合同法》和《工伤保险条例》的贯彻落实，规范用人单位劳动用工管理，督促其依法与农民工签订劳动合同，按时足额为农民工缴纳工伤保险费。对于不依法签订劳动合同、不按规定缴纳工伤保险费的，各级人力资源社会保障行政部门要及时查处。各级人力资源社会保障行政部门要按规定及时进行工伤认定和劳动能力鉴定，依法落实其各项工伤保险待遇。对于未参保尘肺病农民工，由用人单位依法支付其各项工伤保险待遇。用人单位不支付的，工伤保险基金按规定先行支付，并由社会保险经办机构依法向用人单位追偿。

五、切实解决特困尘肺病农民工医疗和生活问题

未参加工伤保险，且用人单位已经不存在或无法确认劳动关系的尘肺病病人，参加基本医疗保险的，按规定享受基本医疗保险相应待遇，并可向地方人民政府民政部门申请医疗救助和生活等方面的救助。各地要落实大病保险和医疗救助制度，及时将符合条件的尘肺病农民工纳入大病保险和城乡医疗救助体系。上述保障制度仍不能解决医疗救治问题的，要采取多种措施，使其获得医疗救治。各级民政部门要将符合条件的尘肺病农民工纳入最低生活保障、临时救助等社会救助范围。对尘肺病农民工遭受突发性、紧迫性、临时性基本生活困难的，应当按规定给予临时救助。各地要出台优惠政策，鼓励企业、社会团体和个人弘扬中华民族"扶危济困"的传统美德，为尘肺病农民工献爱心、送温暖，逐步形成政府救助与社会关爱相结合的工作格局，共同解决尘肺病农民工的生活困难。

六、全力维护尘肺病农民工职业健康权益

各级工会组织要加强基层组织建设，努力把农民工组织到工会中，依法对农民工尘肺病防治工作进行监督。通过政府与工会联席会议、协调劳动关系三方机制、集体协商、职代会等途径，反映农民工尘肺病防治诉求，推动解决农民工尘肺病防治突出问题。加强平等协商和签订劳动安全卫生专项集体合同工作，督促用人单位保障农民工职业卫生保护权利，对用人单位尘肺病防治工作提出意见和建议。在农民工相对聚集的行业企业，深入开展群众性职业危害隐患排查活动。

七、全面强化政府落实责任

各地要高度重视农民工尘肺病防治工作，将其纳入本地国民经济和社会发展计划以及职业病防治规划，纳入本地健康城市的创建工作，加强领导协调，研究落实解决农民工尘肺病防治的重大问题，加强尘肺病防治能力建设，保证尘肺病防治工作的经费。各级卫生计生、安全监管、发展改革、科技、工业和信息化、民政、财政、人力资源社会保障、国资、能源等有关部门和工会组织按照职责分工，密切配合，落实防治监管、医疗服务、经费保障等责任，确保各项防治措施落实到位。

血吸虫病防治条例

中华人民共和国国务院令

第 463 号

《血吸虫病防治条例》已经 2006 年 3 月 22 日国务院第 129 次常务会议通过，现予公布，自 2006 年 5 月 1 日起施行。

总理 温家宝

二〇〇六年四月一日

第一章 总 则

第一条 为了预防、控制和消灭血吸虫病，保障人体健康、动物健康和公共卫生，促进经济社会发展，根据传染病防治法、动物防疫法，制定本条例。

第二条 国家对血吸虫病防治实行预防为主的方针，坚持防治结合、分类管理、综合治理、联防联控，人与家畜同步防治，重点加强对传染源的管理。

第三条 国务院卫生主管部门会同国务院有关部门制定全国血吸虫病防治规划并组织实施。国务院卫生、农业、水利、林业主管部门依照本条例规定的职责和全国血吸虫病防治规划，制定血吸虫病防治专项工作计划并组织实施。

有血吸虫病防治任务的地区（以下称血吸虫病防治地区）县级以上地方人民政府卫生、农业或者兽医、水利、林业主管部门依照本条例规定的职责，负责本行政区域内的血吸虫病防治及其监督管理工作。

第四条 血吸虫病防治地区县级以上地方人民政府统一领导本行政区域内的血吸虫病防治工作；根据全国血吸虫病防治规划，制定本行政区域的血吸虫病防治计划并组织实施；建立健全血吸虫病防治工作协调机制和工作责任制，对有关部门承担的血吸虫病防治工作进行综合协调和考核、监督。

第五条 血吸虫病防治地区村民委员会、居民委员会应当协助地方各级人民政府及其有关部门开展血吸虫病防治的宣传教育，组织村民、居民参与血吸虫病防治工作。

第六条 国家鼓励血吸虫病防治地区的村民、居民积极参与血吸虫病防治的有关活动；鼓励共产主义青年团等社会组织动员青年团员等积极参与血吸虫病防治的有关活动。

血吸虫病防治地区地方各级人民政府及其有关部门应当完善有关制度，方便单位和个人参与血吸虫病防治的宣传教育、捐赠等活动。

第七条 国务院有关部门、血吸虫病防治地区县级以上地方人民政府及其有关部门对在血吸虫病防治工作中做出显著成绩的单位和个人，给予表彰或者奖励。

第二章　预　防

第八条　血吸虫病防治地区根据血吸虫病预防控制标准，划分为重点防治地区和一般防治地区。具体办法由国务院卫生主管部门会同国务院农业主管部门制定。

第九条　血吸虫病防治地区县级以上地方人民政府及其有关部门应当组织各类新闻媒体开展公益性血吸虫病防治宣传教育。各类新闻媒体应当开展公益性血吸虫病防治宣传教育。

血吸虫病防治地区县级以上地方人民政府教育主管部门应当组织各级各类学校对学生开展血吸虫病防治知识教育。各级各类学校应当对学生开展血吸虫病防治知识教育。

血吸虫病防治地区的机关、团体、企业事业单位、个体经济组织应当组织本单位人员学习血吸虫病防治知识。

第十条　处于同一水系或者同一相对独立地理环境的血吸虫病防治地区各地方人民政府应当开展血吸虫病联防联控，组织有关部门和机构同步实施下列血吸虫病防治措施：

（一）在农业、兽医、水利、林业等工程项目中采取与血吸虫病防治有关的工程措施；

（二）进行人和家畜的血吸虫病筛查、治疗和管理；

（三）开展流行病学调查和疫情监测；

（四）调查钉螺分布，实施药物杀灭钉螺；

（五）防止未经无害化处理的粪便直接进入水体；

（六）其他防治措施。

第十一条 血吸虫病防治地区县级人民政府应当制定本行政区域的血吸虫病联防联控方案，组织乡（镇）人民政府同步实施。

血吸虫病防治地区两个以上的县、不设区的市、市辖区或者两个以上设区的市需要同步实施血吸虫病防治措施的，其共同的上一级人民政府应当制定血吸虫病联防联控方案，并组织实施。

血吸虫病防治地区两个以上的省、自治区、直辖市需要同步实施血吸虫病防治措施的，有关省、自治区、直辖市人民政府应当共同制定血吸虫病联防联控方案，报国务院卫生、农业主管部门备案，由省、自治区、直辖市人民政府组织实施。

第十二条 在血吸虫病防治地区实施农业、兽医、水利、林业等工程项目以及开展人、家畜血吸虫病防治工作，应当符合相关血吸虫病防治技术规范的要求。相关血吸虫病防治技术规范由国务院卫生、农业、水利、林业主管部门分别制定。

第十三条 血吸虫病重点防治地区县级以上地方人民政府应当在渔船集中停靠地设点发放抗血吸虫基本预防药物；按照无害化要求和血吸虫病防治技术规范修建公共厕所；推行在渔船和水上运输工具上安装和使用粪便收集容器，并采取措施，对所收集的粪便进行集中无害化处理。

第十四条 县级以上地方人民政府及其有关部门在血吸虫病重点防治地区，应当安排并组织实施农业机械化推广、农村改厕、沼气池建设以及人、家畜饮用水设施建设等项目。

国务院有关主管部门安排农业机械化推广、农村改厕、沼气池建设以及人、家畜饮用水设施建设等项目，应当优先安排血吸虫病重点防治地区的有关项目。

第十五条 血吸虫病防治地区县级以上地方人民政府卫生、农业主管部门组织实施农村改厕、沼气池建设项目，应当按照无害化要求和血吸虫病防治技术规范，保证厕所和沼气池具备杀灭粪便中血吸虫卵的功能。

血吸虫病防治地区的公共厕所应当具备杀灭粪便中血吸虫卵的功能。

第十六条 县级以上人民政府农业主管部门在血吸虫病重点防治地区应当适应血吸虫病防治工作的需要，引导和扶持农业种植结构的调整，推行以机械化耕作代替牲畜耕作的措施。

县级以上人民政府农业或者兽医主管部门在血吸虫病重点防治地区应当引导和扶持养殖结构的调整，推行对牛、羊、猪等家畜的舍饲圈养，加强对圈养家畜粪便的无害化处理，开展对家畜的血吸虫病检查和对感染血吸虫的家畜的治疗、处理。

第十七条 禁止在血吸虫病防治地区施用未经无害化处理的粪便。

第十八条 县级以上人民政府水利主管部门在血吸虫病防治地区进行水利建设项目，应当同步建设血吸虫病防治设施；结合血吸虫病防治地区的江河、湖泊治理工程和人畜饮水、灌区改造等水利工程项目，改善水环境，防止钉螺孳生。

第十九条 县级以上人民政府林业主管部门在血吸虫病防治地区应当结合退耕还林、长江防护林建设、野生动物植物保护、湿地保护以及自然保护区建设等林业工程，开展血吸虫病综合防治。

县级以上人民政府交通主管部门在血吸虫病防治地区应当结合航道工程建设，开展血吸虫病综合防治。

第二十条 国务院卫生主管部门应当根据血吸虫病流行病学资料、钉螺分布以及孳生环境的特点、药物特性，制定药物杀灭钉螺工作规范。

血吸虫病防治地区县级人民政府及其卫生主管部门应当根据药物杀灭钉螺工作规范，组织实施本行政区域内的药物杀灭钉螺工作。

血吸虫病防治地区乡（镇）人民政府应当在实施药物杀灭钉螺7日前，公告施药的时间、地点、种类、方法、影响范围和注意事项。有关单位和个人应当予以配合。

杀灭钉螺严禁使用国家明令禁止使用的药物。

第二十一条 血吸虫病防治地区县级人民政府卫生主管部门会同同级人民政府农业或者兽医、水利、林业主管部门，根据血吸虫病监测等流行病学资料，划定、变更有钉螺地带，并报本级人民政府批准。县级人民政府应当及时公告有钉螺地带。

禁止在有钉螺地带放养牛、羊、猪等家畜，禁止引种在有钉螺地带培育的芦苇等植物和农作物的种子、种苗等繁殖材料。

乡（镇）人民政府应当在有钉螺地带设立警示标志，并在县级人民政府作出解除有钉螺地带决定后予以撤销。警示标志由乡（镇）人民政府负责保护，所在地村民委员会、居民委员会应当予以协助。任何单位或者个人不得损坏或者擅自移动警示标志。

在有钉螺地带完成杀灭钉螺后，由原批准机关决定并公告解除本条第二款规定的禁止行为。

第二十二条 医疗机构、疾病预防控制机构、动物防疫监督机构和植物检疫机构应当根据血吸虫病防治技术规范，在各自的职责范围内，开展血吸虫病的监测、筛查、预测、流行病学调查、疫情报告和处理工作，开展杀灭钉螺、血吸虫病防治技术指导以及其他防治工作。

血吸虫病防治地区的医疗机构、疾病预防控制机构、动物防疫监督机构和植物检疫机构应当定期对其工作人员进行血吸虫病防治知识、技能的培训和考核。

第二十三条 建设单位在血吸虫病防治地区兴建水利、交通、旅游、能源等大型建设项目，应当事先提请省级以上疾病预防控制机构对施工环境进行卫生调查，并根据疾病预防控制机构的意见，采取必要的血吸虫病预防、控制措施。施工期间，建设单位应当设专人负责工地上的血吸虫病防治工作；工程竣工后，应当告知当地县级疾病预防控制机构，由其对该地区的血吸虫病进行监测。

第三章 疫情控制

第二十四条 血吸虫病防治地区县级以上地方人民政府应当根据有关法律、行政法规和国家有关规定，结合本地实际，制定血吸虫病应急预案。

第二十五条 急性血吸虫病暴发、流行时，县级以上地方人民政府应当根据控制急性血吸虫病暴发、流行的需要，依照传染病防治法和其他有关法律的规定采取紧急措施，进行下列应急处理：

（一）组织医疗机构救治急性血吸虫病病人；

（二）组织疾病预防控制机构和动物防疫监督机构分别对接触疫水的人和家畜实施预防性服药；

（三）组织有关部门和单位杀灭钉螺和处理疫水；

（四）组织乡（镇）人民政府在有钉螺地带设置警示标志，禁止人和家畜接触疫水。

第二十六条　疾病预防控制机构发现急性血吸虫病疫情或者接到急性血吸虫病暴发、流行报告时，应当及时采取下列措施：

（一）进行现场流行病学调查；

（二）提出疫情控制方案，明确有钉螺地带范围、预防性服药的人和家畜范围，以及采取杀灭钉螺和处理疫水的措施；

（三）指导医疗机构和下级疾病预防控制机构处理疫情；

（四）卫生主管部门要求采取的其他措施。

第二十七条　有关单位对因生产、工作必须接触疫水的人员应当按照疾病预防控制机构的要求采取防护措施，并定期组织进行血吸虫病的专项体检。

血吸虫病防治地区地方各级人民政府及其有关部门对因防汛、抗洪抢险必须接触疫水的人员，应当按照疾病预防控制机构的要求采取防护措施。血吸虫病防治地区县级人民政府对参加防汛、抗洪抢险的人员，应当及时组织有关部门和机构进行血吸虫病的专项体检。

第二十八条　血吸虫病防治地区县级以上地方人民政府卫

生、农业或者兽医主管部门应当根据血吸虫病防治技术规范，组织开展对本地村民、居民和流动人口血吸虫病以及家畜血吸虫病的筛查、治疗和预防性服药工作。

血吸虫病防治地区省、自治区、直辖市人民政府应当采取措施，组织对晚期血吸虫病病人的治疗。

第二十九条 血吸虫病防治地区的动物防疫监督机构、植物检疫机构应当加强对本行政区域内的家畜和植物的血吸虫病检疫工作。动物防疫监督机构对经检疫发现的患血吸虫病的家畜，应当实施药物治疗；植物检疫机构对发现的携带钉螺的植物，应当实施杀灭钉螺。

凡患血吸虫病的家畜、携带钉螺的植物，在血吸虫病防治地区未经检疫的家畜、植物，一律不得出售、外运。

第三十条 血吸虫病疫情的报告、通报和公布，依照传染病防治法和动物防疫法的有关规定执行。

第四章　保障措施

第三十一条 血吸虫病防治地区县级以上地方人民政府应当根据血吸虫病防治规划、计划，安排血吸虫病防治经费和基本建设投资，纳入同级财政预算。

省、自治区、直辖市人民政府和设区的市级人民政府根据血吸虫病防治工作需要，对经济困难的县级人民政府开展血吸虫病防治工作给予适当补助。

国家对经济困难地区的血吸虫病防治经费、血吸虫病重大疫情应急处理经费给予适当补助，对承担血吸虫病防治任务的机构的基本建设和跨地区的血吸虫病防治重大工程项目给予必要支持。

第三十二条 血吸虫病防治地区县级以上地方人民政府编制或者审批血吸虫病防治地区的农业、兽医、水利、林业等工程项目，应当将有关血吸虫病防治的工程措施纳入项目统筹安排。

第三十三条 国家对农民免费提供抗血吸虫基本预防药物，对经济困难农民的血吸虫病治疗费用予以减免。

因工作原因感染血吸虫病的，依照《工伤保险条例》的规定，享受工伤待遇。参加城镇职工基本医疗保险的血吸虫病病人，不属于工伤的，按照国家规定享受医疗保险待遇。对未参加工伤保险、医疗保险的人员因防汛、抗洪抢险患血吸虫病的，按照县级以上地方人民政府的规定解决所需的检查、治疗费用。

第三十四条 血吸虫病防治地区县级以上地方人民政府民政部门对符合救助条件的血吸虫病病人进行救助。

第三十五条 国家对家畜免费实施血吸虫病检查和治疗，免费提供抗血吸虫基本预防药物。

第三十六条 血吸虫病防治地区县级以上地方人民政府应当根据血吸虫病防治工作需要和血吸虫病流行趋势，储备血吸虫病防治药物、杀灭钉螺药物和有关防护用品。

第三十七条 血吸虫病防治地区县级以上地方人民政府应当加强血吸虫病防治网络建设，将承担血吸虫病防治任务的机构所需基本建设投资列入基本建设计划。

第三十八条 血吸虫病防治地区省、自治区、直辖市人民政府在制定和实施本行政区域的血吸虫病防治计划时，应当统筹协调血吸虫病防治项目和资金，确保实现血吸虫病防治项目的综合效益。

血吸虫病防治经费应当专款专用，严禁截留或者挪作他用。严禁倒买倒卖、挪用国家免费供应的防治血吸虫病药品和其他物品。有关单位使用血吸虫病防治经费应当依法接受审计机关的审计监督。

第五章 监督管理

第三十九条 县级以上人民政府卫生主管部门负责血吸虫病监测、预防、控制、治疗和疫情的管理工作，对杀灭钉螺药物的使用情况进行监督检查。

第四十条 县级以上人民政府农业或者兽医主管部门对下列事项进行监督检查：

（一）本条例第十六条规定的血吸虫病防治措施的实施情况；

（二）家畜血吸虫病监测、预防、控制、治疗和疫情管理工作情况；

（三）治疗家畜血吸虫病药物的管理、使用情况；

（四）农业工程项目中执行血吸虫病防治技术规范情况。

第四十一条 县级以上人民政府水利主管部门对本条例第十八条规定的血吸虫病防治措施的实施情况和水利工程项目中执行血吸虫病防治技术规范情况进行监督检查。

第四十二条 县级以上人民政府林业主管部门对血吸虫病

防治地区的林业工程项目的实施情况和林业工程项目中执行血吸虫病防治技术规范情况进行监督检查。

第四十三条　县级以上人民政府卫生、农业或者兽医、水利、林业主管部门在监督检查过程中，发现违反或者不执行本条例规定的，应当责令有关单位和个人及时改正并依法予以处理；属于其他部门职责范围的，应当移送有监督管理职责的部门依法处理；涉及多个部门职责的，应当共同处理。

第四十四条　县级以上人民政府卫生、农业或者兽医、水利、林业主管部门在履行血吸虫病防治监督检查职责时，有权进入被检查单位和血吸虫病疫情发生现场调查取证，查阅、复制有关资料和采集样本。被检查单位应当予以配合，不得拒绝、阻挠。

第四十五条　血吸虫病防治地区县级以上动物防疫监督机构对在有钉螺地带放养的牛、羊、猪等家畜，有权予以暂扣并进行强制检疫。

第四十六条　上级主管部门发现下级主管部门未及时依照本条例的规定处理职责范围内的事项，应当责令纠正，或者直接处理下级主管部门未及时处理的事项。

第六章　法律责任

第四十七条　县级以上地方各级人民政府有下列情形之一的，由上级人民政府责令改正，通报批评；造成血吸虫病传播、流行或者其他严重后果的，对负有责任的主管人员，依法给予行政处分；负有责任的主管人员构成犯罪的，依法追究刑事责任：

（一）未依照本条例的规定开展血吸虫病联防联控的；

（二）急性血吸虫病暴发、流行时，未依照本条例的规定采取紧急措施、进行应急处理的；

（三）未履行血吸虫病防治组织、领导、保障职责的；

（四）未依照本条例的规定采取其他血吸虫病防治措施的。

乡（镇）人民政府未依照本条例的规定采取血吸虫病防治措施的，由上级人民政府责令改正，通报批评；造成血吸虫病传播、流行或者其他严重后果的，对负有责任的主管人员，依法给予行政处分；负有责任的主管人员构成犯罪的，依法追究刑事责任。

第四十八条 县级以上人民政府有关主管部门违反本条例规定，有下列情形之一的，由本级人民政府或者上级人民政府有关主管部门责令改正，通报批评；造成血吸虫病传播、流行或者其他严重后果的，对负有责任的主管人员和其他直接责任人员依法给予行政处分；负有责任的主管人员和其他直接责任人员构成犯罪的，依法追究刑事责任：

（一）在组织实施农村改厕、沼气池建设项目时，未按照无害化要求和血吸虫病防治技术规范，保证厕所或者沼气池具备杀灭粪便中血吸虫卵功能的；

（二）在血吸虫病重点防治地区未开展家畜血吸虫病检查，或者未对感染血吸虫的家畜进行治疗、处理的；

（三）在血吸虫病防治地区进行水利建设项目，未同步建设血吸虫病防治设施，或者未结合血吸虫病防治地区的江河、湖泊治理工程和人畜饮水、灌区改造等水利工程项目，改善水环境，导致钉螺孳生的；

（四）在血吸虫病防治地区未结合退耕还林、长江防护林建设、野生动物植物保护、湿地保护以及自然保护区建设等林业工程，开展血吸虫病综合防治的；

（五）未制定药物杀灭钉螺规范，或者未组织实施本行政区域内药物杀灭钉螺工作的；

（六）未组织开展血吸虫病筛查、治疗和预防性服药工作的；

（七）未依照本条例规定履行监督管理职责，或者发现违法行为不及时查处的；

（八）有违反本条例规定的其他失职、渎职行为的。

第四十九条 医疗机构、疾病预防控制机构、动物防疫监督机构或者植物检疫机构违反本条例规定，有下列情形之一的，由县级以上人民政府卫生主管部门、农业或者兽医主管部门依据各自职责责令限期改正，通报批评，给予警告；逾期不改正，造成血吸虫病传播、流行或者其他严重后果的，对负有责任的主管人员和其他直接责任人员依法给予降级、撤职、开除的处分，并可以依法吊销有关责任人员的执业证书；负有责任的主管人员和其他直接责任人员构成犯罪的，依法追究刑事责任：

（一）未依照本条例规定开展血吸虫病防治工作的；

（二）未定期对其工作人员进行血吸虫病防治知识、技能培训和考核的；

（三）发现急性血吸虫病疫情或者接到急性血吸虫病暴发、流行报告时，未及时采取措施的；

（四）未对本行政区域内出售、外运的家畜或者植物进行血吸虫病检疫的；

（五）未对经检疫发现的患血吸虫病的家畜实施药物治疗，或者未对发现的携带钉螺的植物实施杀灭钉螺的。

第五十条　建设单位在血吸虫病防治地区兴建水利、交通、旅游、能源等大型建设项目，未事先提请省级以上疾病预防控制机构进行卫生调查，或者未根据疾病预防控制机构的意见，采取必要的血吸虫病预防、控制措施的，由县级以上人民政府卫生主管部门责令限期改正，给予警告，处 5000 元以上 3 万元以下的罚款；逾期不改正的，处 3 万元以上 10 万元以下的罚款，并可以提请有关人民政府依据职责权限，责令停建、关闭；造成血吸虫病疫情扩散或者其他严重后果的，对负有责任的主管人员和其他直接责任人员依法给予处分。

第五十一条　单位和个人损坏或者擅自移动有钉螺地带警示标志的，由乡（镇）人民政府责令修复或者赔偿损失，给予警告；情节严重的，对单位处 1000 元以上 3000 元以下的罚款，对个人处 50 元以上 200 元以下的罚款。

第五十二条　违反本条例规定，有下列情形之一的，由县级以上人民政府卫生、农业或者兽医、水利、林业主管部门依据各自职责责令改正，给予警告，对单位处 1000 元以上 1 万元以下的罚款，对个人处 50 元以上 500 元以下的罚款，并没收用于违法活动的工具和物品；造成血吸虫病疫情扩散或者其他严重后果的，对负有责任的主管人员和其他直接责任人员依法给予处分：

（一）单位未依照本条例的规定对因生产、工作必须接触疫水的人员采取防护措施，或者未定期组织进行血吸虫病的专项体检的；

（二）对政府有关部门采取的预防、控制措施不予配合的；

（三）使用国家明令禁止使用的药物杀灭钉螺的；

（四）引种在有钉螺地带培育的芦苇等植物或者农作物的种子、种苗等繁殖材料的；

（五）在血吸虫病防治地区施用未经无害化处理粪便的。

第七章　附　则

第五十三条　本条例下列用语的含义：

血吸虫病，是血吸虫寄生于人体或者哺乳动物体内，导致其发病的一种寄生虫病。

疫水，是指含有血吸虫尾蚴的水体。

第五十四条　本条例自 2006 年 5 月 1 日起施行。

附　录

国务院关于进一步加强血吸虫病
防治工作的通知

国发〔2004〕14 号

　　血吸虫病是严重危害人民身体健康和生命安全、阻碍疫区经济发展和社会进步的重大传染病。经过多年努力，我国血吸虫病防治（以下简称血防）工作取得了显著成效。但由于血吸虫病流行因素复杂，一些地区综合治理措施落实不好，防治基础工作薄弱，近年来血吸虫病疫情明显回升，血防工作形势十分严峻。在全国 12 个血吸虫病流行省（自治区、直辖市）中，上海、浙江、福建、广东、广西 5 个省（自治区、直辖市）达到血吸虫病传播阻断标准，江苏、安徽、江西、湖北、湖南、四川、云南 7 个省尚有 110 个未控制血吸虫病流行的疫区县（市、区）。为了切实遏制血吸虫病疫情回升的趋势，有效控制血吸虫病的流行，保护人民群众身体健康，保障疫区经济社会发展，现就有关工作通知如下。

　　一、加强政府领导，强化部门职责

　　（一）建立健全领导机制。成立国务院血吸虫病防治工作领导小组（以下简称血防工作领导小组），负责研究制定全国血防工作方针、政策、规划，领导全国血防工作。血防工作领导小组下设办公室，承担血防工作领导小组日常工作。疫区各省也要根据本地区血防工作需要，建立健全本省的血防工作领导小组及其办事机构。

（二）落实政府责任。做好血防工作是政府义不容辞的责任。血吸虫病流行区各级人民政府必须切实负起责任，增强责任感和紧迫感，加强对血防工作的领导。要把血防工作纳入本地区经济和社会发展总体规划，与公共卫生建设紧密结合，统筹规划，周密部署，狠抓落实。要建立血防工作政府目标管理责任制，明确各级政府领导和有关部门的职责和任务，确保血防工作责任到位，工作到位。

（三）明确部门职责。血防工作领导小组成员单位要按照《国务院办公厅关于成立国务院血吸虫病防治工作领导小组的通知》（国办发〔2004〕16号）确定的职责，加强协调，密切配合，认真组织开展查螺灭螺、人畜查病治病、健康教育、改水改厕等工作，并结合农业产业结构调整、水利工程建设、林业重点工程建设等开展环境改造，努力做好预防控制血吸虫病流行的各项工作。

（四）坚持"春查秋会"制度。血防工作领导小组办公室每年定期组织成员单位对疫区各省完成全国血防工作规划及开展防治工作情况进行督导检查，总结推广经验，针对存在问题和薄弱环节提出改进意见。血防工作领导小组每年召开全国血防工作会议，总结防治工作进展情况，研究解决工作中的重大问题，部署防治工作任务。疫区各级人民政府也应建立和完善相应的工作制度，确保各项防治措施落到实处。

二、明确防治目标，统筹规划实施

（五）制订预防控制规划。按照统一规划、分步实施、标本兼治、综合治理、群防群控、联防联控、突出重点、分类指导的原则，制订全国预防控制血吸虫病总体规划及专项规划，有计划地积极推进血防工作。因地制宜地探索建立湖沼型和山丘型疫区预防控制模式，逐步从根本上控制血吸虫病的流行。

（六）切实遏制疫情回升，实现近期防治目标。到2008年底，云南、四川两省以及其他省以山丘型为主的或水系相对独立的血吸虫病流行县（市、区），要全部达到血吸虫病传播控制标准。尚不能控制血吸虫病流行的湖沼型地区，要采取有力措施降低人畜感染率，努力压缩钉螺面积，有效降低易感地带钉螺感染率和感染性钉螺密度，控制急性血吸虫病暴发流行。

（七）有效控制血吸虫病流行，努力实现中长期防治目标。到2015年底，力争全国所有未控制血吸虫病流行的县（市、区）达到血吸虫病传播控制标准，已经实现血吸虫病传播控制10年以上的县（市、区）全部达到传播阻断标准。已经达到血吸虫病传播阻断标准的地区，要继续巩固和扩大防治成果。

三、坚持综合治理，实行联防联控

（八）加大以环境改造为主的各项灭螺工作力度。农业部门要结合种植业、养殖业结构调整，围绕改变传统的生产、生活方式和改造疫区环境，采取鼓励措施，逐步实行家畜禁牧、舍饲和"以机代牛"、"水改旱"等，减少钉螺孳生地，减轻血吸虫病危害。水利部门要将进螺涵闸改造、有螺水系治理、垸外易感地带治理纳入水利综合治理工程规划，结合人畜饮水工程、小流域治理、微型水利工程、灌区改造、山区集雨节水灌溉、农田节水灌溉等项目，改善农村水环境，防止疫区钉螺孳生。林业部门要结合退耕还林工程、长江防护林工程等重点林业工程，在长江中下游滩地、丘陵地区积极开展兴林抑螺工作，建立抑螺防病林业生态工程，改变钉螺孳生环境，降低钉螺密度，切断人畜接触疫水途径，实行兴林、抑螺、防病综合治理。卫生部门要根据疫情控制的需要，及时组织实施高危易感地带的药物灭螺工作，降低血吸虫病感染危险性。同时，积极引导和支持疫区群众开展改水改厕，改善生活环境，减少和控制血吸虫病传播。

（九）加强疫区大型建设项目卫生学评估工作。建设单位应根据《中华人民共和国传染病防治法》及其实施办法的规定，在血吸虫病疫区大型建设项目规划和开工前，向当地卫生部门申请对施工环境进行卫生学调查与评估，并根据卫生部门的意见，采取必要的预防控制措施。在项目规划中以及开工前未进行卫生学评估的，有关主管部门不予立项和办理开工手续。开展卫生学评估和施工中采取的血吸虫病预防控制措施所需经费应纳入建设项目预算。

（十）加强人畜同步查病治病和疫情监测。在尚未控制血吸虫病流行的地区，卫生部门要对接触疫水的人群进行检查，对易感人群进行抗血吸虫病药物预防性治疗，并对感染者进行治疗。其中，对农民免费提供抗血吸虫病的基本预防药物，对经济困难农民血吸虫病治疗费用给予适当减免。在已经实现血吸虫病传播控制和传播阻断的地区，卫生部门要加强对流动人口的血吸虫病监测工作，及时发现和处理疫情，防止疫情扩散和蔓延。农业部门负责疫区家畜（牛、羊、猪等）血吸虫病的检查及对感染的家畜进行治疗，检查和治疗费用由中央财政和地方各级财政视经济状况分级负担。同时，加强对疫区家畜交易的管理和检疫，防止病畜流入其他地区传播血吸虫病。

（十一）广泛深入持久地开展健康教育。教育部门要对血吸虫病疫区中小学生普遍进行血防知识宣传教育。卫生、新闻单位应积极承担血防健康教育的责任，结合"亿万农民健康促进行动"计划，利用多种形式宣传普及血防知识，引导和帮助农民建立先进的生产方式和科学健康的生活方式，提高疫区群众预防血吸虫病的意识和自我保护能力。

（十二）完善联防联控工作机制。认真总结推广湖区五省（江苏、安徽、江西、湖北、湖南）联防工作经验，按照血吸虫病地理分布和流行特点，在江苏、安徽、江西、湖北、湖南、四川、云南7省建立区域性血吸虫病联防联控机制，统一制订联防工作制度，结合跨省、跨地区的水利、林业工程建设，安排投资少、见效快、效益好、易巩固的综合治理工程。上海、浙江、福建、广东、广西5省（自治区、直辖市）以及重庆市（三峡库区省份）也可根据实际工作需要，因地制宜地组织省际间和省内不同地区间的联防联控，切实做好疫情监测工作。

四、完善政策措施，加大投入力度

（十三）落实血防经费。中央财政和有关地方各级人民政府要按照分级负担的原则，将血防工作经费纳入财政预算，及时足额拨付。中央财政通过专项转移支付对困难地区购买人畜治病及灭螺药物、血吸虫病重大疫情应急处理给予适当补助，中央基本建设投资对灭螺有关的跨地区重大工程项目给予适当支持。省、市（地）级人民政府负责落实本地区血防综合治理工程项目经费，并对县、乡两级开展血防工作给予必要的业务经费补助，县、乡级人民政府要合理安排血防工作所需经费。各级财政要切实加强对资金的监管和审计，保证专款专用，提高使用效益。同时，广泛动员和争取企业、个人和社会力量提供资金和物质支持。

（十四）积极救助治疗晚期血吸虫病患者。在已经进行新型农村合作医疗试点的疫区，要将晚期血吸虫病患者的治疗费用纳入救助范围，按有关规定，对符合救助条件、生活贫困的晚期血吸虫病患者实行医疗救助。在未建立新型农村合作医疗制度和农村医疗救助制度的疫区，对生活贫困的晚期血吸虫病患者实行特殊临时救助措施，适当补助有关医疗费用。

（十五）保证灭螺用工。疫区村民有义务对生产生活区开展灭螺，灭螺义务工可由村民委员会通过"一事一议"程序确定。有条件的地区可积极探索引入市场竞争机制，实行灭螺工程招投标管理，由符合条件的机构组织实施。

（十六）加强法制建设。加大《中华人民共和国传染病防治法》和《中华人民共和国动物防疫法》执法力度，加强对血吸虫病重大疫情的报告和应急处理，逐步规范家畜交易的市场管理。卫生部、法制办要抓紧研究拟订《血吸虫病防治条例》，有关省、自治区、直辖市也应当完善地方立法，使血防工作尽快走上规范化、法制化管理轨道。

五、加强队伍建设，提高人员素质

（十七）理顺体制，深化改革。血防工作是农村卫生和公共卫生的重要组成部分，要将血防工作纳入农村工作和卫生工作中统筹部署。省、市（地）、县、乡级血防机构中的预防职能纳入同级疾病预防控制机构，在疾病预防控制机构内建立一支能胜任防治技术指导职责和及时有效处理重大疫情的血防工作队伍。重疫区地、县级血防机构的医疗部分可与当地医疗资源整合，乡级血防机构的医疗部分可纳入当地卫生院，从事包括血吸虫病治疗在内的综合医疗服务。疫区各级畜牧兽医部门要有家畜血防工作机构和人员。有关地区应结合本地血防工作实际，加快血防专业机构的改革。要按照精干高效的原则，实行定岗定编、全员聘用、竞争上岗。

（十八）加强基本建设。血吸虫病流行区各级人民政府在安排疾病控制机构建设时，要统筹安排血防基本建设。到2005年底，要基本完成血防基础设施改造和建设任务。

（十九）改进工作作风，提高业务素质。要加强对血防专业人员的医德医风教育，强化全心全意为人民服务的意识，大力开展血防新知识、新技术培训，逐步建立一支作风优良、技术过硬、精干高效的血吸虫病预防控制队伍。

六、提高科研水平，加强国际交流

（二十）依靠科技进步和科技创新，促进血防工作可持续发展。科技部门要将血防科研项目列入国家重点科研计划，组织跨学科的联合攻关。要特别注重加强以改善环境灭螺为主的防治策略等的应用性研究，研究开发新型有效、方便快捷的查螺查病技术和高效、安全、价廉、方便、持久的灭螺、治病、预防等药物，力争三五年内取得突破性进展。食品药品监管部门要加强对抗血吸虫病药物的质量管理，保证血吸虫病患者化疗的质量和效果。

（二十一）加强国际信息交流与合作，注重引进国外先进理论和技术，推广应用国外优秀科技成果，不断提高血防工作水平。

各有关地区、有关部门要从实践"三个代表"重要思想的高度，从保护人民身体健康、促进农村经济和社会发展的全局出发，发扬与时俱进、求真务实的作风，切实加强对血防工作的领导，落实各项防治措施，有效控制血吸虫病的流行。

2004 年 5 月 13 日